キャリア探索とレジリエンス

大学生に向けた効果的なキャリア支援とは

湯口 恭子 著

晃洋書房

はじめに

社会は急速に，予測が難しいほど大きな変化に直面している。2020年，新型コロナウィルスによる感染拡大により，暮らし方や働き方，学校での学び方は大きく変化した。大学はオンライン授業の実施を余儀なくされ，キャンパスからは学生の姿が消えることになった。そのような中，キャリア教育で強調される「生き抜く力」を育むことは，変化の激しい現代社会での重要課題とされている。生涯キャリア発達理論を提唱したSuperは，キャリアのアーチモデル（Super, 1990）を考案し，アーチを支える両端を社会と個人の２本柱とした。キャリア教育や支援が最終的に目指すものは，社会的・職業的自立に向けたキャリア形成であり，人とかかわり，社会への適応を果たしながら，自分らしく成長していくことである。つまり，「社会化」と「主体化」の二つを促すということになるだろう。

児美川（2016）によれば，「社会化」とは，子どもが社会的な存在として社会に適応していくこと，「主体化」とは，子どもがその子らしく個性的に，自立的に役割を果たせるようになることとされる。社会移行直前にある大学生は，急速に変化する社会に適応し，社会の中で自己の存在意義を見出していくことになる。そして，どのような職業や仕事の世界があるのか，どのような環境が待ち受けているのかを自ら探索していかなければならない。他方，ひとりひとりが「自分らしさへの問い」（個性）と向き合い，自立していく必要があるのも事実であり，そのためには自己への探索が重要となってくる。「社会化」と「主体化」は左右の翼のようなものであり，人や社会とかかわりながら，成長していくものである。片方の翼だけが大きく成長しても，上手く飛ぶことはできない。方向感覚を見失ったり，途中で落ちたり，飛び発つことすら難しいこともあるだろう。本書は「社会化」と「主体化」には，キャリア探索の「環境探索」と「自己探索」の促進が重要とした。そして，変化の激しい現代社会を生き抜くためにはレジリエンスが手がかりになると考え，キャリア探索とレジリエンスに着目した。本書は2021年に関西大学に提出された博士学位論文を基に書き下ろした。研究目的は以下の３点である。

第一に，キャリア探索とレジリエンスの関連性を明らかにする。主体的なキャリア探索を行うためには，キャリア探索と関連する要因を明らかにしていくことが必要だからである。第二に，キャリア探索とレジリエンスの特徴や役割を明らかにする。これらを明らかにすることで，効果的なキャリア教育や，不安を抱えた学生への支援に役立てることができるからである。第三に，キャリア探索とレジリエンスの関連性をふまえ，大学生活におけるキャリア支援のあり方について，提言を行いたい。

第1章は，キャリア教育への問題意識について述べた。キャリアという概念の大きさによる誤解や混乱の中，十分な検討のないまま進められたキャリア教育の現状と課題を整理している。

第2章は，キャリア探索に関連する先行研究を概観した。キャリア探索を定義し，どのような理論が背景となってキャリア探索が進められてきたのか，どのような研究が蓄積され，解明されていないことは何かを述べている。

第3章は，キャリア探索に関連する要因としてレジリエンスを仮定した。レジリエンスの概念は広範であるため，一般的なレジリエンスの概念，本書で使用するキャリア・レジリエンスの概念を概観した上で定義した。また，キャリア・レジリエンスの先行研究をレビューし，尺度について整理している。

第4章は，キャリア探索とレジリエンスの関連を明らかにすると共に，「キャリア探索」と「レジリエンス」の学年ごとの違いに着目し，探索的に検証している。Ginzberg らや Super は探索段階をさらに各発達段階に分けている。本書からは，キャリア教育の内容やキャリア支援介入のタイミングに関する示唆を得ることができる。

第5章は，前章のキャリア探索とレジリエンスとの関連をふまえ，キャリア探索，レジリエンス双方と関連のあるロールモデルを加えて検証を行った。ロールモデル，レジリエンス，キャリア探索に関する仮説モデルを作成し，その仮説を検証したものである。

第6章は，就職活動が終了した4年生を対象とした回想調査を行っている。国内に就職活動に関する調査は多くあるが，内定後のキャリアに関する実証研究は極めて少ない。本書では，キャリア探索と就職活動での取り組みが内定後の「満足・意欲」というポジティブな変数と，「不安」というネガティブな変数にどう影響したのかを検証している。

第７章は，短大生と大学１～２年生を比較した。学生生活を通したキャリア意識の達成度に，キャリア探索とレジリエンスがどう影響しているかを検討したものである。学生生活での活動も視野に入れるため，学生生活における探索という視点も組み入れている。

第８章は，以上の論考をふまえて，大学生のキャリア教育，支援のあり方について提言を行った。キャリア探索とレジリエンス，そしてロールモデルの関連性を確認する中で，自己への理解を情報収集やキャリア支援の活用につなぐことの重要性や，キャリアカウンセリングの必要性に触れている。

本書によって得られた示唆が，大学生のキャリア探索の促進やレジリエンスの育成に貢献するだけではなく，大学，高校などへのキャリア教育，支援の実践に貢献することが期待される。なお，本書の刊行に際して，晃洋書房の阪口幸祐氏にご尽力いただいた。心より感謝し，ここに記したい。

2022年１月

湯口恭子

目　次

第Ⅲ部
研究の総括と提言

初出一覧

第1章　なし（博士論文が初出）

第2章　なし（博士論文が初出）

第3章　なし（博士論文が初出）

第4章　湯口恭子（2020）．大学生のレジリエンスとキャリア探索——各学年の違いに着目して——　キャリアデザイン研究，*16*，207-213．一部を加筆修正して収録．

第5章　湯口恭子（2020）．ロールモデルとレジリエンスがキャリア探索に及ぼす影響——大学1．2年生を対象として——　近畿大学短大論集，*53*，51-63．一部を加筆修正して収録．

第6章　湯口恭子（2021）．キャリア探索と就職活動中の取り組みが内定後の満足・意欲と不安に与える影響——大学4年生の回想調査から——　ビジネス実務論集，*39*，11-22．一部を加筆修正して収録．

第7章　湯口恭子（2019）．短大生と大学1．2年生のキャリア意識の比較検討——探索行動とライフ・キャリアレジリエンスに着目して——　近畿大学短大論集，*52*，89-99．一部を加筆修正して収録．

第8章　なし（博士論文が初出）

第 I 部

先行研究の概観と研究の目的

第1章

大学生のキャリア教育の概観と問題意識

本章では，キャリア教育に関する問題意識を述べた上で，本書の目的を論じる。

1 キャリアの概念

まず，キャリア探索の前提となるキャリアについての概念を概観したい。職業的キャリアは人生の過程における職業的地位の連続または組み合わせであり，その由来である“carrus”は，道路（cararia）に由来する荷車（cart）または馬車（chariot）を意味し，ここからキャリアという言葉が発生したとされる（Super, 1980）。

川喜多（2014）は，キャリア（Career）の語源をラテン語の「車輪のついた乗り物」「荷車」であるとし，車道や馬道などの道の意味を経て，馬車競技のコースに行きついたと述べている。さらにその語源から，俊敏に途切れることなく動くといった意味も生まれ，英語では，「進める」や「深める」といった意味合いが含まれるとした。その後，レースコースの意味を持ちながら，権力の階段を上る道を指すようになったとされる（渡辺，2007a）。戦後の日本においてキャリアは，高級官僚の職歴を意味し，出世を目指すことをキャリア・アップといってきた経緯がある（川喜多，2014）。キャリアの解釈・意味付けは極めて多様であり，時代の変遷とともに変化してきていることも指摘されている（文部科学省，2004）。

現在，一般的にキャリアという概念は，狭義のキャリアと広義のキャリアの二つがある（宮城，2002）。狭義のキャリアは仕事生活を中心にした「ワークキャリア」であり，広義のキャリアは個人の人生とその生き方を表す「ライフキャリア」である（谷内，2007）。中央教育審議会（2011）はキャリアの概念を，

「人が生涯の中で様々な役割を果たす過程で，自らの役割の価値や自分と役割との関係を見いだしていく連なりや積み重ね」とし，ワークキャリアという狭義の意味だけではないことを示した。川喜多（2014）も「キャリアとは個人がその人生を通じてもつ一連の経験である。これを外的にみれば，社会的役割であり，その主なものは職業生活上の役割であり，職業キャリアであるが，これを狭義とし，広義にはライフキャリアとみる。これを内的にみれば，自分の人生のさまざまなステージについての本人の意味づけである」としている。個人の発達的観点に立てば，キャリア支援にはライフキャリアの観点も重要とされ，ワークとライフは生涯を通して表裏一体をなす活動という指摘もある（川﨑，1994）。渡辺（2007a）はさらに，キャリアの概念に内包される不可欠な要素を「人と環境との相互作用の結果」「時間的流れ」「空間的広がり」「個別性」とした。

これらを概観すると，キャリアは生涯にわたって発達していくものであり（Super, 1980），過去・現在・未来を通した年月の中に，その人なりの道のりがあるといえる。時間的視点の中で変化していく立場や役割は，人生における持ち場や居場所という存在空間を意味している。そこには労働はもちろん，存在空間を通して関わる社会との関係性がある。そうした社会との関係性の中で，「個別性」（渡辺，2007a）や，「本人の意味づけ」（川喜多，2014）が重要とされてきた。キャリアには，生涯をかけて納得のいく人生を過ごすことへの，個人に向けた「自分らしさへの問い」が存在しているといえるだろう。

2　キャリア教育の背景と課題

1．青年期としての課題

これまでキャリアの概念を概観してきたが，ここで青年期にあたる大学生の課題を確認しておく。

大学生は試行錯誤を繰り返す青年期にあり，生き方の選択を行う重要な時期にある。公式を解けば導かれるような正解はなく，試行錯誤をしながら自分なりの答えを探さなくてはならない。生殖器官の成熟という生理的変化や，大人としての役割の不安などに悩みながら，アイデンティティを確立する時期ともされる（Erikson, 1968 岩瀬訳 1970）。下山（1998）は青年期を子どもではないが，まだ大人でもない時期とし，不安定な境界期でもあるとした。境界期は子どもとしての構造が崩れ，大人としての試行錯誤がなされる点で，もっとも心理的混乱が起こりやすいとされる（下山，1998）。

下山（1998）のいう境界期は，発達段階では探索期に該当する。人間の発達段階は成長，探索，確立，維持，衰退（decline：最近では「解放」「離脱」と訳されることが多い）の５段階に区分され（Super, 1980；岡田，2007），青年期を探索段階として特徴づけることで，キャリア探索が青年期の重要な適応行動であるとした（Super, 1980; Dietrich & Kracke, 2009）。探索期は，自分が生きている社会や，パーソナリティ，興味，適性などに合った役割を演じる機会を持つ時期である（Super, 1957 日本職業指導学会訳 1960）。この時期は現実を吟味する過程であり，成人期への移行期でもあるとされる。つまり，大学生は心理的に不安定な状態を抱えつつ，社会移行へ向けた探索を進めることになる。なぜなら，アイデンティティの確立は，どのような生き方を選択するのかといった職業や，進路選択とも深く関わっているからである（若松，2012）。こうした青年期としての課題が，次に述べるキャリア教育へとつながっていくのである。

２．キャリア教育の背景

キャリア教育が行われた背景には，青年期から成人期の移行に対する長期化の問題が指摘される（宮本，2004, 2005）。急激な産業構造の変化，少子高齢化の進展，働き方の多様化とともに学校から社会への移行プロセスが長期化し，様々な問題が生じた。フリーター[1)]やニート[2)]の増加，非正規雇用[3)]の増大などが社会問題化し，大学新卒就業者の約３割は３年以内に離職している[4)]。大学は「全入」時代の到来とも言われ（天野，2007），入学者選抜方法や大学進学理由も多様化した。障害などを持つ学生の割合もこの10年で約４倍と急増している（文部科学省，2017a）。若者の社会的・職業的自立にあたっては，進路意識や目的意識が希薄なまま，とりあえず大学等へ進学する者の増加が報告されている（文部科学省，2004）。大学生の職業意識の不明確さが，進路選択の困難さに影響しているという指摘もなされた（杉本，2014）。2003年には「若者自立・挑戦プラン[5)]」が発表され，キャリアカウンセラーやキャリアコンサルタントなどの育成に力を入れるなど，国をあげての対策が始まった（望月，2008）。

キャリア教育が公的な文書に初めて登場したのは，中央教育審議会の答申「初等中等教育と高等教育との接続の改善について」(1999) である (児美川, 2016)。そこには，「学校教育と職業生活の円滑な接続を図るため，望ましい職業観・勤労観及び職業に関する知識や技能を身に付けさせるとともに，自己の個性を理解し，主体的に進路を選択する能力・態度を育てる教育 (キャリア教育) を発達段階に応じて実施する必要がある」と述べられている。

その後，文部科学省 (2004) は「キャリア教育の推進に関する総合的調査研究協力者会議報告書～児童生徒一人一人の勤労観，職業観をそだてるために～」を公表し，キャリア教育を「児童生徒一人一人のキャリア発達を支援し，それぞれにふさわしいキャリアを形成していくために必要な意欲・態度や能力を育てる教育」と定義した。そしてキャリア教育とは何かを端的にいえば，「児童生徒一人一人の勤労観，職業観を育てる教育」であると説明している。

このような背景の中，移行プロセスの長期化や学生の多様化に対する課題をふまえ，大学は2010年2月の大学設置基準の改正に伴い，社会的・職業的自立に必要な力の育成を組織的に働きかけるよう求められた。これによりキャリア教育の普及が促進され，キャリア形成への関心は社会全体に高まったとされる。中央教育審議会 (2011) はキャリア教育を「一人一人の社会的・職業的自立に向け，必要な基盤となる能力や態度を育てることを通して，キャリア発達を促す教育」と再定義した。坂柳・中道・粟田・早川 (2017) は，これまでの「勤労観・職業観を育てる教育」(文部科学省，2004) から，「社会的・職業的自立に向けた基礎的・汎用的能力を育てる教育」にシフトされたと指摘している。

児美川 (2014) もまた，勤労観・職業観という言葉が独り歩きし，キャリア教育が狭義に理解されていたと述べている。その上で「社会的・職業的自立」というキーワードが，働くことそのものに必要な基礎的・汎用的能力の育成や，職業教育，学校教育全体を舞台にした包括的概念であるとした。

では，キャリア教育のいう「社会的・職業的自立に向け，必要な基盤となる能力や態度」とは，どのようなものなのだろうか。中央教育審議会 (2012) は「社会的・職業的自立，社会・職業への円滑な移行に必要な力」を，① 基礎的・基本的な知識・技能，② 基礎的・汎用的能力，③ 論理的思考力，創造力，④ 意欲・態度，⑤ 勤労観・職業観等の価値観，⑥ 専門的な知識・技能として明確化した。その内，②の基礎的・汎用的能力をキャリア教育がその中心として育成すべきとして，「人間関係形成・社会形成能力」「自己理解・自己管理能力」「課題対応能力」「キャリアプランニング能力」の四つの能力に整理している（図1－1）。

このような背景から，社会全体で「学校から社会への移行」「社会的・職業的自立」という言葉がキーワードとなったこともあり，大学でのキャリア教育は急速に推進されていった。

3．キャリア教育に求められるもの

ここでは，キャリア教育には何が求められているのかについて検討したい。

キャリア教育は広範な概念であるがゆえに，各学校現場でのとらえ方に偏りが生まれ，キャリア教育を職場体験と誤解するような風潮が生まれた（児美川，2012)。先に述べた「勤労観・職業観を育てる教育」の独り歩きも，誤解を生んだ原因の一つであろう。児美川（2014）はこうしたキャリア教育の弊害を危惧し，単なる意識や認識としての教育，就職活動を中心とした出口指導の取り組みだけではなく，職業教育[6)]を含んで幅広く理解する必要があるとの見解を示した。川﨑（2005a）もまた，大学のキャリア教育が職業教育と区別されていなかったり，就職準備教育ととらえられていたり，フリーターやニートの予防策

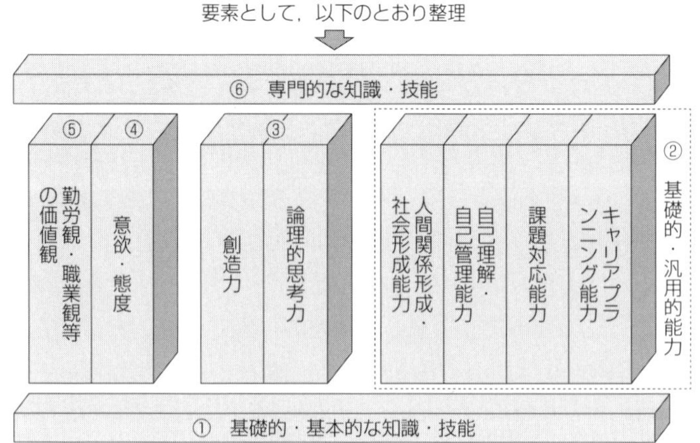

図1－1　基礎的・汎用的能力の位置づけ

出典：生涯学習政策局（2012）資料2 p. 3から一部抜粋

と受け止められていたりするなど，誤解が多いことを指摘している。さらに川崎（2005a）は，キャリア教育を単に進路決定のために行うものはなく，ひとりひとりの働き方・生き方に関わる教育的活動であるとし，大学におけるキャリア教育は正課科目だけで担うべきではなく，教学と事務部門が連携して，体系的なキャリア形成支援を行う必要があると述べている。

キャリア教育の概念は広範なものであり，時代の流れと共に変化し続ける。三川（2018）は，日本のキャリア教育におけるキャリアの考え方は，Super（1980）の提案した「生涯発達において変化する多様な役割の統合とその連鎖」の「役割」という概念が基礎になっていると述べている。そして，働くことは自分の役割を果たして活動することであり，そのかかわり方の違いや個人差が，その人らしい生き方になっていくとした（Super, 1980；三川，2018）。川崎（2018）は，Superの理論が「キャリア発達を人間発達の一側面と捉えている」とし，生涯キャリア発達の理論とみなすことができるとした。Superは後述するキャリアのアーチモデル（Super, 1990）の中で，アーチを支える両端を社会と個人の2本柱としている。キャリア教育や支援が最終的に目指すものは，社会的・職業的自立に向けたキャリア形成であり，人とかかわり，社会への適応を果たしながら，自分らしく成長していくことであろう。

冒頭「はじめに」でも述べたとおり，児美川（2016）はキャリア教育を大きく分けて，「社会化」と「主体化」の二つを促す教育とした。児美川（2016）によれば，「社会化」とは，子どもが社会的な存在として社会に適応していくこと，「主体化」とは，子どもがその子らしく個性的に，自立的に役割を果たせるようになることである。社会移行直前にある大学生は，急速に変化する社会に適応し，社会の中で自己の存在意義を見出していく必要がある（＝社会化）。そこにはどのような職業や仕事の世界があるのか，どのような環境が待ち受けているのかを自ら探索していかなければならない。一方，ひとりひとりが「自分らしさへの問い」（個性）と向き合い，自立していく必要があるのも事実であり（＝主体化），そのためには自己への探索が重要となってくる。

「社会化」と「主体化」とは，左右の翼のようなものであり，人や社会とかかわりながら，成長していくものなのである。片方の翼だけが大きく成長しても，上手く飛ぶことはできない。方向感覚を見失ったり，途中で落ちたり，そもそも飛び発つことすら難しいこともあるだろう。前述したキャリア教育は

「一人一人の社会的・職業的自立に向け，必要な基盤となる能力や態度を育てることを通して，キャリア発達を促す教育」（中央教育審議会，2011）とされており，「キャリア発達を促す教育」である。ここでいう発達という概念もまた，広範な概念である。従来の発達とは，「受胎後から青壮年期にいたるまでの上昇的変化過程における心身の形態，構造，機能などの質的・量的な変化現象をさす」（東・大山・詫摩・藤永，1970）とされていたが，成人期や老人期を含む生涯発達は，成長や成熟だけでなく，停滞や老化，衰退なども含んでのものであり，進歩・向上だけではなく，すべての変化を発達的にとらえようとする（岡田，2013）。「発達心理学」も「生涯発達心理学」と呼ばれるようになり，単に研究対象を広げるということではなく，発達の概念そのものが再検討されることになった（渡辺，2007a）。本書では発達を，生涯発達としての変化の過程ととらえているが，大学生は青年期であるため，その概念を成長や成熟に向かうものとして扱っている。もちろん，大学生にも停滞や後退などは起こり得ると考えられる。しかしながらその停滞や後退は，成長や成熟のために必要な充電期間，あるいは試練であろう。本書では，キャリア教育がいうところのキャリア発達には，キャリア探索と後述のレジリエンスが重要と考えている。

一方，中央教育審議会（2013）の「第２期教育振興基本計画」答申では，想定外の事態に直面した際にも，自分で自分を守ることのできる力が必要とされることから，これまでの「生きる力」から先行き不透明な時代を「生き抜く力」へと強調点が移行した（坂柳他，2017）。我々の社会は急速に，予測が難しいほど大きな変化に直面している。2020年４月，新型コロナウィルスによる感染の拡大により，国内初の緊急事態宣言が発令されるなど，社会経済状況は先の見通しが立たない状況が起こっている。こうした予測できない変化の中であっても，社会を生き抜き，自分らしくキャリアを形成していくことが重要であろう。キャリアへの適応を意味するキャリア・アダプタビリティを理論化したSavickasは，その重要プロセスとして計画立案，探索，決定をあげた。そして，個人は未来に予期されるできごとへの探索と，できごとを現在の選択に結びつける意思決定により，明日を現実にすることができると述べている（Savickas, 1997）。

移行期の大学生が将来の自分について考え，行動した経験や，意思決定に至るまでのプロセスは，その後の人生を大きく左右する。児美川（2016）のいう

「社会化」と「主体化」を進めながら成長していくためには，主体的なキャリア探索を促進すること，変化の激しい現代社会を「生き抜く力」を育むことが必要なのである。

3 本書の目的

前述してきたように，日本の大学のキャリア教育や支援は，十分な検討がなされないまま進められてきた背景がある。キャリア教育や支援が最終的に目指すものは，社会的・職業的自立に向けたキャリア形成であり，人とかかわり，社会への適応を果たしながら，自分らしく成長していくことである。つまり，児美川（2016）のいう「社会化」と「主体化」の二つを促すということであり，これらの手がかりになるのは，キャリア探索に他ならない。

一方，これまで述べてきた通り，社会は大きく変化し続けている。職場での働き方，家庭での暮らし方，学校での学び方も大きく変化した。大学はオンライン授業の実施を余儀なくされ，一定期間，キャンパスから学生の姿が消えることになった。企業では急速にテレワーク[7)]が拡大している。そのような中，キャリア教育で強調される「生き抜く力」を育むことは，変化の激しい現代社会での重要課題とされている。

本書では，「社会化」と「主体化」には，キャリア探索の「環境探索」と「自己探索」の促進が重要とした。また，変化の激しい現代社会を生き抜くためにはレジリエンスが手がかりになると考え，キャリア探索とレジリエンスに着目した。社会移行直前の大学生を対象として，キャリア教育や支援のあり方についての新たな可能性を示すものである。そのため，以下の３点を研究目的とする。

第一に，キャリア探索とレジリエンスの関連性を明らかにする。主体的なキャリア探索を行うためには，キャリア探索と関連する要因を明らかにしていくことが必要だからである。第二に，キャリア探索とレジリエンスの特徴や役割を明らかにする。これらを明らかにすることで，効果的なキャリア教育や，不安を抱えた学生への支援に役立てることができるからである。第三に，キャリア探索とレジリエンスの関連性をふまえ，大学生活におけるキャリア支援のあり方について，提言を行う。

注

1）藤田（2018）によれば，フリーターとは，厚生労働省の統計用語として次のように定義されている。15～34歳で，男性は卒業者，女性は卒業者で未婚の者のうち，①雇用者のうち，勤め先における呼称が「パート」か「アルバイト」である者，②完全失業者のうち，探している仕事の形態が「パート・アルバイト」の者，③非労働力人口で家事も通学もしていない「その他」の者のうち，就業内定しておらず，希望する仕事の形態が「パート・アルバイト」の者の合計とされる。2003年には217万人まで増加している。

2）小杉（2005）によれば，ニートとはイギリスで用いられたNEET（Not in Education. Employment or Training）という呼び方であり，学校にも仕事にも行っていない，職業訓練を受けているわけでもない若者を指す。日本では「社会活動に参加していないため，将来の社会的なコストになる可能性があり，現在の就業支援では十分活性化できていない存在」とし，統計上は「15～34歳の非労働力（仕事をしていないし，また失業者として求職活動をしていない）のうち，主に通学でも，主に家事でもない者」とされている。

3）「非正規雇用」については法令や統計上の定義，事業所での呼称などにより様々な類型，呼称があり，形態も多様であるが，いわゆるパートやアルバイト，契約社員，派遣社員，嘱託社員などが非正規雇用労働者に該当するとされる（厚生労働省，2012）。ここでは，①労働契約の期間の定めがないこと，②所定労働時間がフルタイムであること，③直接雇用であること（労働者派遣のような契約上の使用者ではない者の指揮命令に服して就労する雇用関係（間接雇用）ではない）のすべてを満たすものを「正規雇用」とし，それ以外を「非正規雇用」としている。

4）厚生労働省（2016）「新規学校卒業就職者の離職状況」（平成28年３月卒業者の状況）によれば，大学を卒業した新規学卒者の３年以内の離職率は32％となっている。

5）若者自立・挑戦プランとは，2003年に文部科学・厚生労働・経済産業・経済財政政策担当の４大臣（翌年官房長官も参画）による「若者自立・挑戦戦略会議」から誕生した。当時，15-24歳階級の失業率10.1％，フリーター217万人，若年無業者78万人となり，深刻な社会問題への対策として行われたものである。具体的な政策は，以下の五つである（深谷，2014）。

①「教育段階から職場定着に至るキャリア形成及び就職支援」
②「若者労働市場の整備（多様な就職システムとフリーターなどへの安定就労対策）」
③「若者の能力の向上（キャリア高度化プラン），就業選択肢の拡大」
④「若者が挑戦し，活躍できる新たな市場・就業機会の創出（創業・企業の活性化），『起ちあがれニッポン DREAM GATE 事業』などの推進」
⑤「都道府県による Job Café（通称）の設置」

6）職業教育とは「一定又は特定の職業に従事するために必要な知識，技能，能力や態度を育てる教育」とされている（中央教育審議会，2011）。

7）テレワークとは,「ICT（情報通信技術）を活用し，時間や場所を有効に活用できる柔軟な働き方」である。育児・介護等を行う一部の従業員のみに対する福利厚生策ではなく，会社全体の働き方を改革するための施策の一つとされている。テレワークは,「在宅勤務」「モバイルワーク」「サテライトオフィス勤務（施設利用型勤務)」の三つの形態の総称をいう。「在宅勤務」は，自宅を就業場所とする勤務形態,「モバイルワーク」は，移動中（交通機関の車内など）や顧客先，カフェなどを就業場所とする働き方,「サテライトオフィス勤務（施設利用型勤務)」は，所属するオフィス以外の他のオフィスや遠隔勤務用の施設を就業場所とする働き方である（厚生労働省，2020)。

第2章 キャリア探索に関連する先行研究の概観

1 先行研究の概観とキャリア探索の定義

前章では本書の問題意識と目的について述べた。ここからは本書のテーマであるキャリア探索の先行研究について概観していく。

1．マッチング理論

Parsonsは1909年「職業の選択」（*Choosing a Vocation*）を著し，特性因子理論（Parsons, 1909）を発表した。宮城（2002）によれば，「特性とは，個人の興味・適性・価値観・性格を意味し，因子とは，その職業・仕事が求める要件（仕事内容・必要能力など）を意味している」とされ，以下の三つの仮説を持つとされる。第一に，個人は他者と異なる能力や特性を持っており，測定が可能であること，第二に，自分の能力や特性と職業に求められるスキルの一致度が高いほど，仕事の満足度が高くなること，第三に，自分の能力・特性にもっともふさわしい職業を選択するというものである。上記「職業の選択」には三つの要因が設定されており，第一に，自分自身の適性，能力，興味，資質，限界など，その他の特性も含めた自分自身への明確な理解を行うこと，第二に，異なる分野や様々な職業において求められる資質，成功の条件，有利な点と不利な点，報酬，機会，将来への見通しを持つこと，第三に，上述した第一および第二の事実に基づく合理的な推論を行うことである（Parsons, 1909；宮内，1992）。特性因子理論は今もなお，大きな影響を与えている理論であるが，特に測定された個人特性を固定的なものとして理解するのではなく，将来の進路と関連させながら，自己への探索を積極的に刺激していくことが求められている（宮内，1992）。

上述した第一の観点は自己に主軸を置くものであり，第二の観点は社会に主軸を置くものであることから，児美川（2016）のいう「主体化」と「社会化」に関連してくるだろう。第三の観点は第一と第二を関連付け，統合していくことだと考えられる。特性因子理論は，自己と職業という2軸を探索していくことで，自分に合った職業や進路を模索する理論といえるだろう。

Hollandは個人の職業興味と環境との関係性を六つの領域に区分し，6角形上に表している。その6角形には，現実型（Realistic），研究型（Investigative），芸術型（Artistic），社会型（Social），企業型（Enterprising），慣習型（Conventional）の六つのパーソナリティタイプがあり，個人はその一つに分類することができるとし，生活環境もまた同じ六つのタイプに分けることができるとした（Holland, 1997 渡辺・松本・道谷共訳 2013）。また，キャリア選択をパーソナリティ表現の一つとし，自己と職業への考えを職業の名称を通して反映させるという考え方を示し，個人—環境適合理論を提唱したとされる（宮内，1992）。個人は自分の持つ技能や能力が活かされ，価値観や態度を表現でき，自分が納得できる役割や課題を引き受けさせてくれる環境を求め，個人の行動はパーソナリティと環境との相互作用により決定される（Holland, 1997 渡辺・松本・道谷共訳 2013）。

Holland理論は，個人の行動スタイルや人格類型に着目したパーソナリティ理論の流れをくみ（木村，2013），基本的にはマッチング理論の立場に立っている（川﨑，2008）。最終的には一定の自己理解や社会理解が必要になるため，青年期において探索や職業経験が不十分な場合には，適用が適切ではないケースがあることを理解すべきであろう。

Hollandは特性因子理論が批判された影響を受け，個人と環境との相互作用を重視する力動的モデルであることを強調した。渡辺（2007b）はHolland理論を「発達的観点に立った類型論」「個人と環境との相互作用論」とし，職業分類に大きな影響を与えた現代的な価値を持つ理論と評価した。Hollandは研究だけではなく，理論に基づいてキャリア・ガイダンスのための具体的なツールを開発し，実用化させた。代表的なものに，Vocational Preference Inventory（日本版職業興味検査：VPI）[1]などがある。Hollandの理論は実践的であり，主に若年者の進路指導に大きく貢献している（木村，2013）。特性因子理論を進化させ，個人と環境との相互作用を重視している点は，後述する大学生のキャリア探索にも大きな影響を与えているだろう。

2．キャリア発達理論

これまでワークキャリアとしての職業選択は，Parsonsの「特性因子理論」や，Hollandの個人と環境との相互作用を重視した「個人―環境適合理論」が主流であった。宮内（1992）は，「特性因子理論が職業選択を人生の一時点における課題として，短期的・静態的にとらえようとするのに対して，職業的発達理論は職業の選択と適応を長期にわたり繰り返される継続的なプロセスとしてとらえる点に特徴がある」と指摘している。キャリアは生涯を通して人間の生き方を扱うため，発達の観点を無視して語ることはできない。1951年，初めて発達的観点をもつ職業選択理論を提唱したのは，Ginzbergらである（川﨑，2018）。Ginzbergらは探索が選択の過程で重要な役割を果たすと示唆し，その過程に三つの段階を示した（Jordaan, 1963）。表2－1に示す。

第一段階は，欲求や願望に基づく「空想的選択期」（6～11歳），第二段階は，興味・関心（interest stage），能力（capacity stage），価値（value stage），移行（transition stage）の順に重要になってくる「暫定的選択期」（11～17歳），第三段階は，「探索」「結晶化」「特定化」に分かれる「現実的選択期」（17～24歳頃）であり，この時期には自分が望むものと利用できる機会の間で，現実的な考慮を行うとされる（Ginzberg, Ginsburg, Axelrad, & Herma, 1951）。このように，職業選択を就職に直面した一時点の問題ではなく，長期にわたる発達的過程としてとらえる見方が示された（川﨑，2018）。

Ginzbergらの職業的発達の概念を拡充し，発展させたのがSuperである（日本キャリア教育学会，2008）。Superのキャリア開発に対する見解は，キャリア探索が生涯において行われる，継続的なプロセスととらえられるようになった（Gross-Spector & Cinamon, 2018; Jiang, Newman, Le, Presbitero, & Zheng, 2019）。

岡田（2007）によれば，Superの理論の特徴は，キャリア発達に役割と時間の考え方を取り込み，包括的な概念としたことである。キャリア発達を「役割」の視点からとらえた「ライフ・スペース」と，生涯における「時間」の視点からとらえた「ライフ・スパン」の2次元からなる「ライフ・キャリア・レインボー」（図2－1）がある。ライフ・スペース上の多数の役割を演じることは役割の摩擦を起こし，一つの役割への没入が別の役割の正しい遂行を困難にすることがある（Super, 1980）。例えば妻や母としての役割を重視し，家庭への

表2-1　Ginzbergら：職業選択におけるキャリア発達段階と課題

特　徴
・職業選択は，発達の過程であり，10年以上にわたってなされた一連の決定である。 ・意思決定はそれまでの経験と関係があり，将来に影響を与えるため，基本的には非可逆的なものである。 ・職業選択は一連の主観的要素と現実の機会と限界とのバランスを含むので，妥協を有する。 （注）1950年代構築のGinbergの理論は何度も再構築され，過程，非可逆性，妥協（後に最適化とされた）という概念の修正が行われたが，「職業選択は，生涯にわたる意思決定のプロセスである」という発達的観点は変化していない（木村，2013）

下位段階	課　題
空想的選択期（6～11歳）	欲求と願望に基づき選択がなされる
暫定的選択期（11～17歳）	「興味・関心」「能力」「価値」「移行」という段階で選択がなされる
現実的選択期（17～24歳頃）	以下の3段階に分かれる
「探索」職業や将来の可能性の模索	様々な分野の知識や職業に関する情報を入手し，議論や探求を行い，職業選択に必要な経験を得る段階
「結晶化」職業分野の選択	検討中だった職業選択に影響する要因を評価し，職業分野の選択がなされる段階
「特定化」特定職業の選択	職業分野の中から選択肢を検討し，具体的なものを特定していく段階

出典：Ginzberg, Ginsburg, Axelrad, & Herma（1951）を参考に著者作成

役割に時間を割けば，仕事や勉強への時間を割けなくなるといったことである。三川（1988）は，青年期には親からの精神的自立や職業選択などの発達課題の達成に加えて，社会参加が要求されるため，急激に役割が変化すると述べている。

ライフ・キャリア・レインボーの時間にあたるライフ・スパンは，人生の発達段階を表現し，成長（0～14歳），探索（15～24歳），確立（25～44歳），維持（45～64歳），解放（65歳以降）の五つの段階で構成されている（Super, Savickas, & Super, 1996；岡田，2007）。宮城（2002）は大学生が該当する探索段階には，「いろいろな分野の仕事があること，そのための必要条件を知り，自己の興味・関心などにあわせ，ある特定の仕事に絞り込んでいく段階」と指摘した。

これらのステージは発達課題によって細分化され，ある発達段階から次の段階への移行の間にはミニ・サイクルが存在し，一つの段階から次の段階に進む

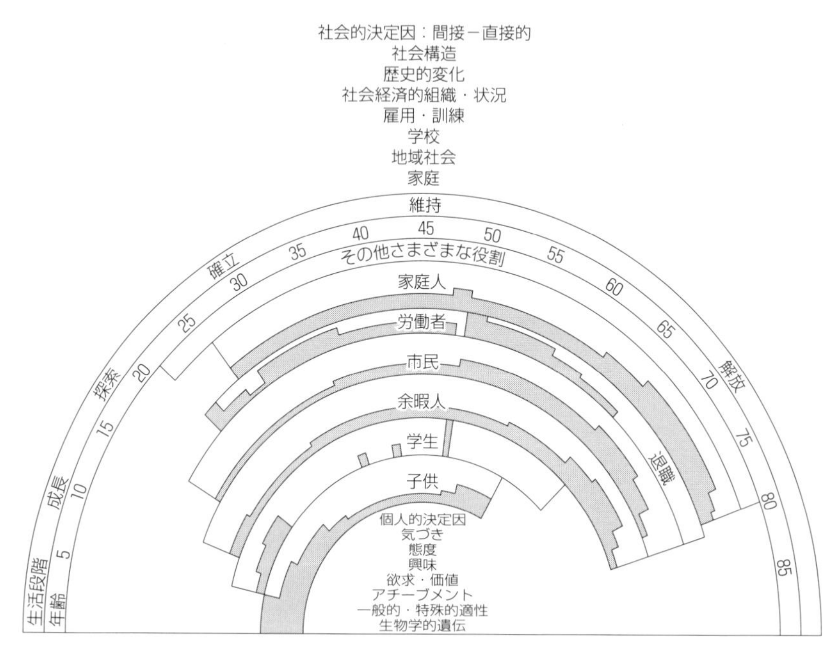

図2－1　Superのライフ・キャリア・レインボー

出典：岡田（2007）p. 37 図1－3

成長，再探索，再確立の循環がある（Super, Savickas, & Super, 1996）。このように，生涯キャリア発達はミニ・サイクルを経ながららせん状に発達すると考えられている（岡田，2007）。このモデルで強調されているように，個人のキャリア開発は非線形であり，動的であり，柔軟である（Jiang et al., 2019）。探索段階の大学生もキャリア探索を続けながら，らせん状に発達していくミニ・サイクルがあるといえよう。

Superは晩年，ライフ・キャリア・レインボーを改訂し，キャリアの「アーチモデル（図2－2）を発表した（Super, 1990；宮城，2002）。アーチを支える両端の大きな石の柱は，左側が人間を支え，右側が人間に働きかける社会を支えている（Super, 1990）。宮城（2002）によれば，アーチの左側を個人的要因（心理学的特性），右側を社会環境的要因（社会・経済状況）とし，上部中央に「自己」，その両脇に「自己概念」「発達段階」（ライフステージ）が示され，キャリアはこうした要因が総合的に統合され，開発される。さらにアーチの構造を見ると，

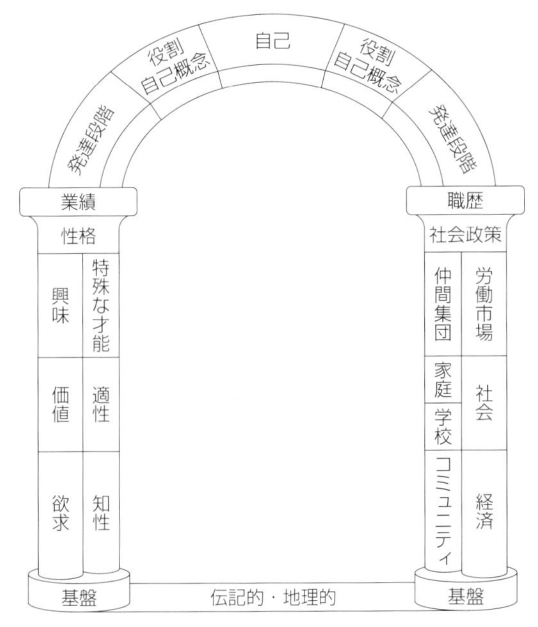

図2－2　Superのアーチモデル

出典：宮城（2002）p. 55 図2

上部中央の「自己」を支える形で個人的要因と社会環境的要因が柱として立っている。人はこの二つの柱を強化しながら，「自分らしさへの問い」である自己概念を発達させ，「自己」そのものを形成していくことになる。

Superは自己概念のうち職業に関するものを「職業的自己概念」とし，職業選択を通じて実現するとした。(Super et al., 1996；宮城，2002)。そして探索段階は学校・余暇活動・パートタイム労働において，自己吟味・役割試行・職務上の探索が行われるとし，「暫定期」(15～17歳)，「移行期」(18～21歳)，「試行期」(22～24歳）と区分した（岡田，2007)。

このようにGinzbergらやSuperによって，探索段階としての発達の段階が示された。Jordaan（1963）はGinzbergらの現実的選択期を取り上げ，自分や外の世界について知りたいと思い，新しいことに挑戦し，現実への理解を深めるために，新たな視点や経験を探索する段階とした。さらに，探索を通して青年期の若者は結晶化し，職業選択を明確にしていくことで，自信をもって取り組むことができるようになると述べている。川﨑（2005a）もまた，職業選択においては職業の世界を探索した上で，絞る前にまずは拡げていく必要性を指摘した。大学生にとってキャリア探索は，児美川（2016）のいう「社会化」と「主体化」にむけた探索であり，大学生活4年間を通じた発達の過程でもあるといえよう。

3．キャリア構築理論

Superの生涯キャリア発達理論については，変化の激しい現代社会では説明しきれないとの指摘もある。小山（2015）は発達段階を年齢で区切っているわかりやすさを支持しつつも，誰もが区分された年齢で当該発達課題を経験するとは限らないとし，ひとりひとりの個別性に対応した理論が必要であるとした。Savickas（2011 日本キャリア開発研究センター監訳 2018）は，既存のキャリア理論が不安定で変化しつつある職業構造を十分説明できていないとし，安定した生活条件の中で計画的にキャリアを発達させるのではなく，変化しつつある環境の中で，可能性を見出しながらキャリアを管理する必要性があるとした。Savickasの指摘は，「過去を振り返ることは，人が現在に対処し，未来に向けた準備をすることを可能にするための適応行動である」とされた（川﨑，2018）。キャリア教育において「生き抜く力」（中央教育審議会，2013）がキーワードとなったのも，安定した社会から変化の激しい社会への移り変わりがあるからだろう。

Savickasは Superの理論を統合し，変化の激しい時代をどう生き抜くかという問題を，キャリア構築理論に組み込んで発展させたとされる（堀越，2007；坂柳他，2017）。キャリア構築理論は，職業やキャリアを「選ぶ」「決める」ことよりも「つくりあげる」ことをより強調し，キャリアの主観的―価値的な側面に注目した理論である（川﨑，2018）。Savickasは過去の経験の中に意味を見出し，キャリアをつくりあげる（構築する）としており，自分らしさと変化の激しい環境との統合をはかるために有用な理論であろう。

キャリア構築理論には「職業パーソナリティ」「キャリア・アダプタビリティ」「ライフテーマ」の三つの主要概念がある。職業パーソナリティは，キャリアに関連した能力，欲求，価値観，興味によって定義され，職業的な興味の表現は，職業用語を用いてどんな人間かを表現するとし，Superの理論を受け継いだものとされている（堀越，2007）。キャリア・アダプタビリティは，新しい環境や変化した環境に適応するために，仕事に対処する準備ができていること，および仕事や労働条件の変化によって引き起こされる予測不可能な調整に対処できることを意味する（Savickas, 1997）。坂柳他（2017）によれば，キャリア・アダプタビリティは「現在および今後のキャリア発達課題，職業上のトランジション，そしてトラウマに対処するためのレディネスおよびリソース」である。最後のライフテーマはキャリアストーリー[2)]の中で語られ，「自分自身の物語」を伝える（Savickas, 2002）。ストーリーは変化を説明し，断絶を意味づけによって埋めていく（Savickas, 2011 日本キャリア開発研究センター監訳 2018）。堀越（2007）は，過去が現在の選択を支持し，未来の変化の基礎となるように物語的真実として再構成されると指摘し，「過去から現在にわたって私たちが直面する発達課題やトランジションが，苦痛に満ちた否定的感情を伴った経験であったとしても，それらをみずからの成長や新たな可能性を開く機会ととらえ，勇気や希望という肯定的感情を湧きあがらせながら新たな意味や価値を見いだし，自らのライフテーマに関連付け具体的な目標へ転換するといった対処ができるならば，私たちはキャリア構築に向けて，さらに前進することが可能になる」と，過去を意味ある経験としてとらえる重要性を示した。

過去に起こった事実が，個人にとってどんなにつらいことであったとしても，起こってしまった事実を変えることはできない。そして，過去とつながる現在も，困難や苦悩が消えて無くなるものではない。それでも，そこに何らかの意味を見いだし，未来を変えていく力にすることは可能なのである。そして，その力がキャリア探索としての行動を起こすとき，人は未来を変えることができるのではないだろうか。絶えず変化する環境の中で，大学生は「社会化」と「主体化」に向けたキャリア探索を続けながら，過去の自分を振りかえり，こうありたいという願いの実現を目指していく。その過程そのものが，Savickasのいうキャリア構築なのであろう。そして，Flum & Blustein（2000）がいうように，キャリア探索は，キャリア開発や意思決定の単なる一段階ではなく，ライフ・スパン，ライフ・ロールを通して，再探索し，再構築するための重要な手段なのである。

4．まとめとキャリア探索の定義

ここまでキャリア探索に関連する主要な理論を概観してきたが，ここではこれまでのまとめとキャリア探索の定義について述べる。

現代版マッチング理論というべきHollandの個人―環境適合理論が「発達的観点に立った類型論」「個人と環境との相互作用論」として評価されている（渡辺，2007b）ことはすでに述べた。個人―環境適合理論は，どういう職業を選んだらいいのかという職業選択の「内容」に関するものであるのに対して，キャリア発達理論は職業選択の「過程」に焦点を当てたものである（Bandura, 1995 本明・野口監訳 1997）。最後に紹介したキャリア構築理論は，変化する自己と変化する環境では，マッチングプロセスが実現できないとし（Savickas, 2002），「過程」の中に潜む自分らしさを重視した。過去から現在の過程にある「主観的な意味づけ」が，個人にとってのキャリアを創りだすと考えたのである（堀越，2007）。

Savickas（2011 日本キャリア開発研究センター監訳 2018）は，一連の過程である人生設計に探索行動は欠かせないものであるとした。Blustein（1989）は，職業選択への取り組みを促進する役割において，特に青年期後期にキャリア探索が重要との考えを示した。キャリア探索が個人のキャリア開発における重要段階として，学校から職場への移行と関連しているとの報告もある（Savickas, 1997; Zikic & Hall, 2009）。若松（2012）も意思決定に遅れの出ている学生を取り上げ，納得のいく意思決定を行うためには探索行動が不可欠としている。

このように先行研究の各理論においても，キャリア探索の重要性は示されてきた。特に予測が不可能な現代社会では，個人にとってのキャリアの創造にキャリア探索は必要不可欠といっていいだろう。中でも，大学生は初めて職業選択という人生の節目に直面することになる。大学生にとって「社会化」と「主体化」の両翼を成長させるきっかけとなるのが，キャリア探索なのだろう。

キャリア探索を定義すると，自己および職業，仕事，組織などの情報収集を目的とし，社会生活への移行に関りを持つ探求活動とされる（Jordaan, 1963; Stumpf, Colarelli, & Hartman, 1983；安達，2008）。様々な情報源の中でも環境と自己の二つの情報源が重要であり，「環境探索」（職業や仕事など社会の情報を収集する），「自己探索」（自分自身について振り返り，より深く理解する）（Stumpf et al., 1983; Zikic & Klehe, 2006）と呼ばれている。

大学生のキャリア探索はキャリア選択や発達とも関連し，個人にとっての満足度を高めることから，その重要性が指摘されてきた（Jordaan, 1963; Stumpf et al., 1983；竹内, 2012)。Hirschi (2007) は，キャリア意思決定プロセスの基本をキャリアの決定性，キャリア計画，キャリア探索，職業的アイデンティティの四つの観点で示し，キャリア探索の重要性を示している。このように，キャリア探索はキャリア意思決定のプロセスとして必要とされるだけではなく，生涯にわたる自己の構築プロセスとして，その後の再探索，再構築に関わってくるものなのである (Flum & Blustein, 2000)。

2 キャリア探索の現状と課題

1．キャリア探索の促進要因

先行研究では，アイデンティティを構築する鍵となるメカニズムは探索であるとしたものがある (Gross-Spector & Cinamon, 2018)。また，様々な要因がキャリア探索を促すことが示されている。例えば，人格特性がキャリア探索に重大な影響を及ぼすとする知見もある。キャリア探索は Big Five[3)] の5因子すべてと関連していたが，経験への開放性，誠実さおよび協調性がキャリア探索の最も強い予測因子としたものや (Li et al., 2015)，高度な外向性は情報探索行動を促進し，神経症傾向は情報探索行動を妨げるとした研究などである (Reed, Bruch, & Haase 2004)。

最近では，キャリア探索に正の影響をもたらす要因の研究も蓄積されてきた。例えば，未来への希望はキャリア探索と有意な正の相関があり (Hirschi, Abessolo, & Froidevaux, 2015)，目標達成に向けて行動を触発する機能 (BAS)[4)] が高いほど，キャリア探索を行っていることが示された (Li et al., 2015)。Blustein (1989) は内発的動機づけとの関連を支持し，特にキャリア意思決定自己効力が顕著な予測因子とした。安達 (2010) もまた，キャリア探索が内発的な自己成長動機とかかわりを持つことを示した。このようにキャリア探索は，ポジティブな活動力との関連が示されているといえよう。

2．促進要因としての自己効力

前述した自己効力は Bandura (1977) が提唱し，Taylor & Betz (1983) により，進路選択に関する自己効力感の測定についての研究が進められてきた。進路選択自己効力とは，進路を選択し，決定する過程上，必要とされる行動への遂行可能感のことである（浦上，1995）。国内では，浦上（1995）や冨安（1997）が尺度開発を行っている。

国内研究におけるキャリア探索との関連には，進路選択自己効力が「自己と職業の理解・統合」「就職活動の計画・実行」「振り返り」といった就職活動の探索的な変数に影響を与えていたとするものや（浦上，1996b），進路選択自己効力が高い女子学生は低い学生より，「環境探索」を行っていることなどが報告されている（安達，2008）。

このように，先行研究において，キャリア探索における進路選択自己効力の重要性は示されている。しかし，進路選択自己効力の遂行可能感は必要な行動があることを前提としており，目標や目指したい方向性があるということになる。進路選択自己効力を高めることが，キャリア探索を促進させるのは，目標という前提の存在も大きいだろう。目標や方向性が定まらない場合，進路選択自己効力を高めることそのものが難しいともいえる。

目標や方向性がわからなくても就職活動は始まっていく。新卒一括採用の枠組みの中では，一定の採用スケジュールがあり，流れで進んではみたものの，就職活動が上手く進むとは限らない。進路選択自己効力が重要であることに変わりはないが，行動を起こした後の失敗や挫折に立ち向かい，乗り越えていくことが必要であろう。

3．キャリア探索と不安との関連

キャリア探索に負の影響をもたらすとされる要因もある。特性不安とキャリア探索との関係を調べた研究では，高校の女子学生の全般的な不安は，キャリア探索と負の関連があり（Vignoli, Croity-Belz, Chapeland, de Fillipis, & Garcia, 2005），特性不安が高く，自己効力感に関連する対処をしなかった学生は，職業上の意思決定などをしていなかった（O'Hare & Tamburri, 1986）。彼らは危険な状況を回避しようとし，その後のキャリアの決定を避けると考えられている（Vignoli, 2015）。就職活動不安が，企業説明会やセミナーへの予約・参加を阻害するという結果も報告されている（松田・永作・新井，2010）。

一方で，逆の結果をもたらす研究もある。Blustein & Phillips（1988）は不安が探索を阻害すると予想したが，結果，ストレスとして表現されるある種の文脈的不安が探索活動を促進させることを示唆した。森田（2014）は，就職不安が高い方が就職活動を活発に行うというBlustein & Phillips（1988）と類似した結果を報告し，取り上げた変数が情報収集行動であったためではないかとした。他にも，不安のレベルがキャリア探索行動の頻度に影響していなかったとするもの（Dozier, Sampson, Lenz, Peterson, & Reardon, 2015），高いレベルの特性不安が最初はキャリア探索を低めるが，時間経過に伴い，キャリア探索を増加させることを示唆したもの（Park, Woo, Park, Kyea, & Yang, 2017）などがある。

これまでの研究を概観すると，正の心理状態はキャリア探索を促進させ，負の心理状態はキャリア探索を減少させることが明らかになっている（Jiang et al., 2019）。しかし，キャリア探索と不安についての研究結果は，一貫してはいないといえるだろう。

4．キャリア探索への介入アプローチ

社会的支援がキャリア探索を促進するという指摘がある。社会的支援は自分が評価され，尊重され，愛されていると信じさせ，生活上の大きなストレスや日常生活の課題への対処に役立つ情報とされる（Schwarzer & Buchwald, 2004）。中学生，高校生のデータにはなるが，社会的支援はキャリア探索の過程で重要な予測因子の一つとされる（Turan & Turan, 2014）。例えば，認識された家族や友人の社会的支援は，キャリア探索と有意に相関した（Turan & Turan, 2014）他，大学生にとって教員は，学生を仕事の世界につなぐ特別な役割を果たす可能性を示唆したものなどである（Cheung & Arnold, 2010）。Flum（2001）は，青年期の自己探索や自己発見は人間関係に基づいて行われるとし，同じ道を歩む他者と道を共有することで，興味や能力，価値観を明確にできるとした。家族の中では，親の行動との関連を調査した研究も興味深い。Guan et al.（2015）は，高いレベルの親の支援と低いレベルの親の干渉[5]が，中国の学部生のキャリア探索に有益な効果があったと報告し，親の行動が妨害となるケースの研究も行われている。

その他，プログラムとしての介入を検討した研究もある。インターネット版のサイトを使用し，活動，能力，職業などについて自己評価を行ってから情報収集を行い，解釈のための報告書を作成した群は，対照群のメンバーよりも，3週間にわたりキャリア探索の頻度が高く，より多くの職業代替案を検討した

とされる（Dozier et al., 2015）。このように，キャリア教育プログラムや社会的支援などの介入が，キャリア探索にどう影響していくのかということも，研究の蓄積が必要となってくるだろう。

5．キャリア研究とロールモデル

キャリア探索と限定されるものではないが，ロールモデルが職業発達やキャリア開発に重要との指摘がある（Hackett & Betz, 1981; Gilbert, 1985; Gibson, 2004）。ロールモデルとキャリアとの関連を説明しようとした理論には，Bandura の社会学習理論があげられる。Bandura は自己効力の概念を提唱し，社会的モデルによって与えられる代理経験が，自己効力を強める方法の一つであるとした（Bandura, 1995 本明・野口監訳 1997）。Nauta & Kokaly（2001）は，社会学習理論を取り上げ，ロールモデルの行動を観察学習し，その再現を継続し続けることで，新しい行動を学ぶことができるとしている。

Gibson（2004）は，伝統的なロールモデルとして，親，教師，監督者，指導者などの個人が模倣すべき影響力のある役割や地位にある人としている。Nauta & Kokaly（2001）は，ロールモデルを何らかの影響を与えたり，称賛したりすることによって，他者に影響を与える他者とした。Savickas（2011 日本キャリア開発研究センター監訳 2018）は，ロールモデルという言葉の乱用を指摘し，人が自分自身を設計するための青写真や原型という深い意味があると述べている。ロールモデルは時代や社会の情勢，生まれ育った場所といった環境や，個人の事情などによっても，そのイメージは異なってくるだろう。しかし，未来に対する理想の投影という点では共通しているのではないだろうか。これらのことから，ロールモデルは，個人の憧れが投影された目指すべき影響力のある人ということになるだろう。

ロールモデルの影響を示した先行研究には，親が特定の分野で働いたり，教育を受けたりしていると，その子どもが同じような選択をする可能性が高まるとしたもの（Dryler, 1998），女子学生はロールモデルとの関係を，職業能力開発にとってより重要であると評価しており，職業発達における同性役割モデルの重要性を強調したものなどがある（Gilbert, 1985）。また，クライアントに適切なロールモデルを提供することが，非常に有用なカウンセリング技術であるとの指摘もある（Mitchell & Krumboltz, 1990）。

一方，国内の大学生を扱ったもので，キャリア探索とロールモデルの研究はほとんど見あたらない。しかし，キャリア探索と関連しそうな研究として，大学生の理想や生き方に影響を与えた人物モデルを示したもの（家島，2006），ロールモデルとキャリア意識との関係を調査したもの（溝口・溝上，2017）などがあげられる。

6．キャリア探索の解明すべき課題

以上のように，キャリア探索の研究は少しずつ蓄積されてきたといえよう。しかし，実証研究は多いとはいえず，結果に一貫性が見られないなどの不明点も多い。これらはキャリア探索のとらえ方に問題があったと考えられ（Blustein, 1989），使用した初期の尺度が，次元による測定ができていないなどの不十分さも指摘された（若松，2012）。キャリア探索の実証研究は過去20年にわたり行われてきたが，その測定方法や促進要因，個人のキャリアや仕事の成果にいつ，どのように結びつくのかなどの議論は続いている（Jiang et al., 2019）。

今後，キャリア探索についての実証研究を重ねていくことで，キャリア探索を促進する要因や，その影響を明らかにする手がかりを得られるだろう。キャリア探索と関連の高い進路選択自己効力は，目標を持ち，必要な行動をイメージできる学生にとって有効な手立てとなり得る。その一方で，目標がなく，目指す方向性が定まらない学生にとっては，何か別の方法が必要ではないだろうか。現代社会は先の見通しが立たない厳しい環境にさらされている。大学生活や就職活動を経験する中で，自分らしさへの問いに悩むこともあるだろう。それでも，学生生活の中で様々な他者とかかわり，新たな人間関係を築いていく。その関係性の中でキャリア探索を継続していくことが，「社会化」「主体化」の両翼を成長させていくのである。

注

1）　VPIとは，Hollandによって開発された職業興味検査の日本版である。160個の職業を掲示し，それぞれの職業に対する興味，関心の有無を回答させることで，6種類の興味領域（現実型，研究型，芸術型，社会型，企業型，慣習型）と，5種類の傾向尺度（自己統制，男性—女性傾向，地位志向，希有反応，黙従反応）に対する個人特性を測定する（木村，2013）。

2）　キャリアストーリーとは，個人が直面した発達課題や職業上の転機などが語られたものであり，行動の理由や行動することの個人のとっての意味が含まれている（堀越，2007）。

3） Big Five とは，パーソナリティの構造として，現在広くコンセンサスを得ている5因子モデルであり，外向性，協調性（調和性），勤勉性（誠実性），神経症傾向（情緒〔不〕安定性，開放性（経験への開放性）の五つがある（川本他，2015）。

4） BAS は動機づけシステムの一つで，目標の達成に向けて行動を触発する機能を担うとされ，行動活性化システム（Behavioral Activation System：BAS）とされる（高橋他，2007）。

5） ここでいう「親の支援」とは，子供のキャリアの可能性を探求し，必要なときにはいつでも助言をすることを奨励すること，「親の干渉」とは，自分の好みを押しつけ，子供のキャリアへの準備と希望をコントロールしようとすることである。他にも，「親のキャリアへの関与の欠如」があり，親が子供のキャリアに関して，関わることができない，あるいは関わろうとしないことを指している（Dietrich & Kracke, 2009; Guan et al., 2015）。

第3章

レジリエンスの先行研究の概観

1 レジリエンスの先行研究

1．予測不可能な変化に必要なもの

キャリア教育に求められる「社会化」と「主体化」には，学生が主体的にキャリア探索を行うことと，「生き抜く力」を育むことが必要不可欠である。現在，キャリア探索は絶え間ない変化と不確実性に対処でき，社会システムが予測不可能という事実を受け止めることが必要とされ，環境の急激な変化に対処するのを助ける適応メカニズムと考えられるようになっている（Zikic & Hall, 2009）。

教育課程においてもレジリエンスとの関連を報告したものがある。学習指導要領の改訂では「学力の三要素[1)]」をふまえて，生きて働く「知識及び技能」の習得（何を理解しているか，何ができるか），未知の状態にも対応できる「思考力・判断力・表現力等」の育成（理解していること・できることをどう使うか），学びを人生や社会に生かそうとする「学びに向かう力・人間性等」の涵養（どのように社会・世界と関わり，よりよい人生を送るか）に再整理されている（文部科学省, 2017b）。高等学校，大学教育においても，高大接続改革答申[2)]が（中央教育審議会, 2014），学力の三要素を社会で自立して活動していくために必要な力という観点からとらえ直している。このように，先行き不透明な社会を生き抜き，これからの新しい時代に通用する力を身につける観点から，教育の場での再整理やとらえ直しが行われた。

これらは日本の「生きる力」の理念に加えて，OECDのキー・コンピテンシー，アメリカの21世紀型スキル，CCRフレームワーク（四次元の教育）など

を発展させたものであるとされる（原，2021）。CCR フレームワーク（四次元の教育）とは，21世紀に必要とされるコンピテンシーの枠組みを明確で実施可能な形に体系化したものであり，「知識」（何を知っているか）「スキル」（知っていることをどう使うか）「人間性」（社会の中でどのように関わっていくか）「メタ認知」（どのように省察して学ぶか）に整理しており，「人間性」の中に「逆境を跳ね返す力」と訳されたレジリエンス（resilience）が含まれる（Fadel, Bialik, & Trilling, 2015 岸監訳 2016）。CCR フレームワークと学力の三要素との重なりについて図 3－1に示す。児美川（2016）も，中央教育審議会（2011）のキャリア教育における基礎的・汎用的能力に触れ，「根っこの部分で必要なのは，変化する社会に子供たちが出て行って，将来の自分を支えることのできる力」ととらえ，「変化への対応力とレジリエンス」と指摘した。

レジリエンスの重要性は，キャリアカウンセリングにおいても示されている。del Corso（2017）は，仕事の世界には多くの進歩と変化があり，若者が一生に一度の仕事に備えることは現実的ではないとし，予期せぬ移行や仕事のトラウ

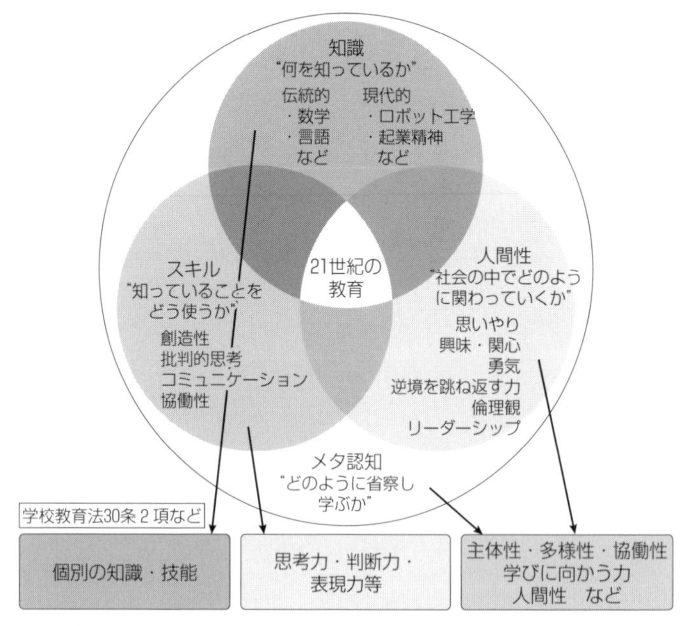

図 3－1　CCR フレームワークと学力の三要素との重なり

出典：教育課程企画特別部会（2015）資料 2　p. 6から一部抜粋

マが発生する可能性が高いため，それぞれの発達段階で若者のレジリエンスを高める必要があるとした。

このように，レジリエンスは教育課程やカウンセリングなどの様々な場面で，その重要性が示されることになった。不安定な環境下でのキャリア形成には，レジリエンスが必要となっているからであろう。キャリア形成のキャリア動機づけは，キャリア・アイデンティティ，キャリア・インサイト，キャリア・レジリエンスとしたものもあり（London, 1983），キャリア探索にもレジリエンスが重要な要因として関わっていると考えられる。

国内においてもその関心は高まり，個人のレジリエンスを高めて健康を増進し，適応的な発達を導くことができるのかという，実践的観点からも注目されている（村木，2015）。

2．レジリエンスの概念

レジリエンスの概念は広い。例えば，外から加えられた力によって物体が曲げられたり，伸ばされたりしても，その物体が元の形の戻ることができれば「レジリエント」であるとされ，人に対して「レジリエンス」という場合は，困難な出来事があった後，回復する能力があることを指す（Southwick & Charney, 2012 森下・西・森下監訳 2015）。アメリカ心理学会の定義によると，レジリエンスとは「逆境，トラウマ，悲劇，脅威，極度のストレス（家族関係の問題，健康問題，職場の経済的な問題）に直面する中で適応していくプロセスを意味する」とされる（Southwick & Charney, 2012 森下・西・森下監訳 2015）。心理学的な意味においては「弾力性」「回復力」などと訳されることが多く，ストレッサーを経験し，一時的に不適応に陥ったとしても，それを乗り越え，健康な状態へ回復していく力と考えられている（齊藤・岡安，2010）。このように，レジリエンスは回復すること，元に戻ることを意味する力と考えられていた。

一方，レジリエンスを人生の避けられない逆境に対処，克服し，学ぶ能力であり，またはそれによって自分が変化する可能性とし，成長過程で獲得する能力ととらえる研究も出始めた（Grotberg, 2003）。国内では，レジリエンスを先天的気質としての資質的要因と，後天的に育むことができる獲得的要因に分けた平野（2010）の研究が代表的であろう。

レジリエンス研究の始まりは1970年の国外研究とされ，国内での研究は1990

年後半，阪神・淡路大震災後の小花和（1999）によるストレス研究とされる（村木，2015；佐藤・金井，2017）。もともとレジリエンス研究は，理論に基づいた学術的根拠から生まれたものではなく，高リスクの状況で生活している生存者，特に若者の特徴を現象学的に明らかにすることであった（Richardson, 2002）。

国外研究のレジリエンスは当初，著しく困難で深刻な状況が想定されてきたが，国内研究では，日常的に誰もが経験しうるストレス場面が対象になることが多い（佐藤・金井，2017）。平野（2015）はレジリエンスの定義はいくつもあり，明確に統一されているわけではないとしつつ，ストレスフルな出来事や状況の中でもつぶれることなく適応し，精神的な傷つきから立ち直る個人の力を指すことが多いとした。平野（2015）はさらに，「心の強さ」を傷つかない強さと傷ついても回復する強さ（力）の二つがあるとし，レジリエンスは後者の強さであり，傷ついたり落ち込んだりする「弱さ」を持ちながらも，立ち直り，前に進むことのできる力としている。

Grotberg（2003）は，人間にはレジリエンスを身につける能力があり，ストレスの原因となる出来事への衝撃に対処することができるとした。そして，これらの出来事への対処によってより強くなることで，ストレスを無くしたり，最小化したりする変化をもたらすことができるという。最近出版されたキャリア教育のテキストには，レジリエンスを掲載したものがある。その中でレジリエンスは「困難な状況にしなやかに適応して生き延びる力」という意味合いで使用されることが多いとされ，「変化が激しい世の中を生き延び，新しい環境や人生課題に際して柔軟に対応して乗り越えていく力」と定義づけられている（杉山・馬場・原・松本，2018）。これらは，キャリア教育に必要とされる「生き抜く力」に通じるものであり，教育として育むことができるものなのである。

3．レジリエンス研究の分類

レジリエンス研究においては，Richardson（2002）により以下の三つに分類されている。第一は，レジリエントな特性・資質に焦点をあて，社会的，個人的な成功における予測可能な支援システムや，個人の資質に着目したもの，第二はレジリエンスの過程に焦点をあて，ストレスの要因，逆境や変化に対処する過程に着目したもの，第三は生得的なレジリエンスに焦点をあて，自己実現や再統合に向けて駆り立てる力に着目したものである。

国内では，佐藤・金井（2017）がレジリエンス研究を四つに分けて整理している。第一に近年増加傾向にあること，第二に前提リスクが日常的に経験されるレベルのものが多いこと，第三に個人特性に注目した研究が多いこと，第四は対象が大学生を含む青年期以前の研究が多いことである。レジリエンスの概念は様々なレベルのリスクやダメージに適用でき，レジリエンスを発揮する方策としての検討も可能である（佐藤・金井，2017）。

このように，レジリエンス研究は広範囲にわたって多くの研究が蓄積された。キャリア支援においても，日常になりつつある予測不能な社会への移行に向けて，学校生活の場面で活用することが重要である。

2 レジリエンスとロールモデル

レジリエントな人々には，信念や姿勢，行動を尊敬するロールモデルが存在したという研究がある。Southwick & Charney（2012 森下・西・森下監訳 2015）はインタビュー調査により，両親や祖父母，上司やチームメイトなどがロールモデルとなった例をあげ，困難や逆境に立ち向かい，乗り越える支えにしたことを報告している。さらに若い人が逆境を乗り越える能力には，親はもちろん，先生などの親以外の大人の相談相手（メンター）が重要な役割を果たすとし，高いレジリエンスを発揮する適応力の高い子供たちは，相談相手（メンター）やレジリエントなロールモデルから，サポートや励ましを受けているとした。また，地雷サバイバーのJerry Whiteの格言「レジリエントなロールモデルを探して最も良い点をまね，最高の自分を演じること」を取り上げ，複数のロールモデルから取り込まれたレジリエントなタペストリー（自分）ができあがると伝えている。

このように，レジリエンスとロールモデルには何らかの関連があり，ロールモデルの存在がキャリアの危機を乗り越えさせてくれる手がかりになっていると考えられる。さらに，Southwick & Charney（2012 森下・西・森下監訳 2015）は，レジリエンスの原則を応用するための実践的な提案として，「レジリエントなロールモデルを真似ること」をレジリエント要因の一つとしてあげている。レジリエントなロールモデルが，つらいときのこころの支えになり，どうしたらいいかわからなくなったときの道標になるからであろう。その存在は，挫けそうになる自分を支えていると考えられる。

3　レジリエンスとキャリア・アダプタビリティの比較

レジリエンスは，Savickasの提唱したキャリア・アダプタビリティと合わせて論じられることが多い。Bimrose & Hearne（2012）は，レジリエンスとキャリア・アダプタビリティの二重概念を調査し，キャリアにおける二つの概念の有用性を示した。Glavin, Haag, & Forbes（2017）も，キャリア移行と不確実性を乗り切る上で特に重要な二つの特性として，キャリア・アダプタビリティとレジリエンスをあげている。del Corso（2017）は，不安定な社会経済的・政治的環境において，若者が有意義なキャリアを築くためには，キャリア・アダプタビリティとレジリエンスを育成することが不可欠とし，レジリエンスが全ての適応的な態度や信念，能力が発達するための，基礎となるテーマであるとしている。

レジリエンスはキャリア・アダプタビリティと並んで，メンタルヘルスの問題から青少年を保護する重要かつ強力な概念とも考えられている（Xu et al., 2020）。さらにXu et al.（2020）は，高校生372名（M＝17.25）のメンタルヘルス問題におけるキャリア・アダプタビリティとレジリエンスの役割を分析した。結果，レジリエンスがキャリア・アダプタビリティとメンタルヘルス問題の間の有意な仲介因子として作用しており，キャリア・アダプタビリティがメンタルヘルスの問題を軽減するのは，レジリエンスの促進が関係していることを実証している。

このように，先行研究においてレジリエンスとキャリア・アダプタビリティは，重要な特性として取り上げられている。これら二つの概念は互いに補完し合っており，中でもレジリエンスは，様々な個人的および構造的障壁を克服する個人の能力における重要因子とされた（Bimrose & Hearne, 2012）。

一方，Super（1985）はキャリア成熟を思春期，アダプタビリティは成人期のキャリア発達のプロセスとして，これら二つの結果に適応（adjustment）があるとしており（岡田，2013），一般にキャリア・アダプタビリティは，転職を中心に語られている。キャリア・アダプタビリティの開発において中心的役割とされる個人特性は，個人が異なる環境での仕事にどの程度適応できるか，変化に直面したときにどの程度柔軟であるか，どれだけ積極的に新しい課題に取り組み，どれだけ積極的に計画を立てようとしているかなどがあげられる（Bimrose & Hearne, 2012）。ここでいう異なる仕事環境への適応などは，転職をイメージしているものであり，すでに働いている成人向けと考えられる。

国内の研究では渡辺・黒川（2002）がキャリア・アダプタビリティ尺度の開発を行っているが，当時，中高齢者の解雇などが社会問題化していたこともあり，その目的は中高年期のキャリア行動の解明であった。益田（2008, 2010）もキャリア・アダプタビリティを扱っているが，組織内キャリアや転職の意思を扱っている。レジリエンスは状況が思わしくなく，破壊的である場合でも変化に適応する能力（London, 1997）であるのに対し，キャリア・アダプタビリティは，予測可能な仕事の役割や参加の準備，および仕事や労働条件の変化によって引き起こされる予測不可能な調整に対応できる力とされており（Savickas, 1997），キャリア・アダプタビリティは転職の文脈で語られることが多い。実際，大学生は正式に就職をしてはおらず，アルバイトとして限定的な仕事しか経験していない。また大学生を対象にした研究は後述の通り，レジリエンス研究の方が多く存在している。キャリア教育の文脈の中でも「生き抜く力」（中央教育審議会, 2013）が打ちだされており，生き抜く力はレジリエンスに相当する概念と考えられることから，本書ではキャリア・レジリエンスに焦点をあてた。

4 キャリア・レジリエンスの先行研究と定義

1．キャリア・レジリエンスの先行研究と尺度開発

国内の大学生を対象にしたレジリエンス研究では，代表的なものに小塩・中谷・金子・長峰（2002）の精神的回復力尺度の研究があろう。平野（2010）は，レジリエンスを二次元でとらえ，持って生まれた気質と関連の深い要因と，後天的に身につけやすい獲得的な要因を分けて尺度化した。心的外傷体験に対応できる大学生用のレジリエンス尺度も開発されている（齊藤・岡安, 2010）。

最近では，レジリエンスにキャリアの概念を加えた「キャリア・レジリエンス」の研究も活発化している。児玉（2017）はキャリア・レジリエンスを

「キャリア形成を脅かすリスクに直面したとき，それに対処してキャリア形成を促す働きをする心理的特性」と定義し，「問題対応力」「ソーシャルスキル」「新奇・多様性」「未来志向」「援助志向」の５因子を報告した。坂柳他（2017）はキャリアレジリエンス態度・能力尺度を作成し，「変化する社会の中で困難な状況にあっても，それを乗り越えて，自分なりのキャリアを創造していく力」とした。下位尺度の態度尺度は，「自己肯定」「援助関係」「楽観思考」「将来展望」の４因子，能力尺度は，「挑戦力」「構想力」「協働力」の３因子をあげている。

高橋・石津・森田（2015）はキャリア・レジリエンスに対して，新たにライフキャリアの概念を加えている。調査対象者成人1000人の内，400名を大学生とした「成人版ライフキャリア・レジリエンス尺度」を作成し，大学生にも適用可能な尺度を作成している（高橋他，2015）。ライフキャリア・レジリエンスの定義は，「不安定な雇用情勢にあっても，自らのライフキャリアを築き続ける力」とし，「長期的展望」「継続的対処」「多面的生活」「楽観的思考」「現実受容」の５因子が抽出された。

上記尺度を使用した大学生活のキャリア・レジリエンス研究も出始めている。例えば，大学生のクラブ・サークル活動への取り組みが，キャリア・レジリエンスに与える影響を調査した研究などである。池田・伏木田・山内（2018）によれば，クラブ・サークル活動でのメンバーとの深いコミュニケーションや，学生活動への積極的な関与，目的意識を持った取り組み，内省を促すなどの四つの因子が，キャリア・レジリエンスに正の影響を与えることなどが報告されている。代表的な国内のキャリアと関連するレジリエンス尺度[3)]を表３－１に示す。

２．本書におけるレジリエンスの定義

このように，大学生における尺度開発を中心としたキャリア・レジリエンス研究が出始めているが，大きく分けて三つの視点がある。第一に，逆境や困難，ストレスのある不安定な状況に置かれていること，第二に，そのような状況化においてもしなやかに乗り越え，回復を果たしていること，第三に自分自身のキャリアの構築に影響していることである。

これらをふまえて，本書でのキャリア・レジリエンス（以下，レジリエンス）

表3－1　国内の主要なキャリア・レジリエンス尺度

尺度名	開発者	作成年	因子数（項目数）	下位尺度	分析対象
精神的回復力尺度	小塩・中谷・金子・長峰	2002	3（21）	新奇性追求 感情調整 肯定的な未来志向	大学生 207名
二次元レジリエンス要因尺度（BRS）	平野	2010	7（21）	【資質的レジリエンス要因】 楽観性　統御力 社交性　行動力 【獲得的レジリエンス要因】 問題解決志向　自己理解 他者心理の理解	大学生 専門学校生 246名
大学生用レジリエンス尺度	齊藤・岡安	2010	5（25）	コンピテンス ソーシャルサポート 肯定的評価 親和性 重要な他者	大学生 227名
成人版ライフキャリア・レジリエンス尺度	高橋・石津・森田	2015	5（31） 短縮版は 5（20）	長期的展望 継続的対処 多面的生活 楽観的思考 現実受容	成人1,000名 （内，大学生400名）
大学生用キャリアレジリエンス測定尺度	児玉	2017	5（34）	問題対応力 ソーシャルスキル 新奇・多様性 未来志向 援助志向	大学生 114名
キャリアレジリエンス態度・能力尺度（CRACS）	坂柳・中道・粟田・早川	2017	7（28）	【キャリアレジリエンス態度尺度】 自己肯定　援助関係 楽観思考　将来展望 【キャリアレジリエンス能力尺度】 挑戦力　構想力　協働力	大学生 810名

を定義する。レジリエンスとは，困難やストレスのある不安定な状況でも，それを乗り越えて自分のキャリアを構築していく力とする。

注

1）学校教育法30条の２項に「生涯にわたり学習する基盤が培われるよう，基礎的な知識及び技能を習得させるとともに，これらを活用して課題を解決するために必要な思考力，判断力，表現力その他の能力をはぐくみ，主体的に学習に取り組む態度を養うことに，特に意を用いなければならない」とあり，「学力の三要素」は，① 基礎的な知識・技能，② 思考力・判断力・表現力等の能力，③ 主体的に学習に取り組む態度と示されている。

2）「新しい時代にふさわしい高大接続の実現に向けた 高等学校教育，大学教育，大学入学者選抜の一体的改革について」の略。学力の三要素は高校教育に向けて，① 基礎的な知識・技能，② 思考力・判断力・表現力等の能力，③ 主体性・多様性・協働性と示されている。大学においては，それを更に発展・向上させるとともに，これらを総合した学力を鍛錬することとされた（中央教育審議会，2014）。

3） この一覧表に表記された尺度は，調査対象に大学生または大学生を含んだ国内のキャリア関連のレジリエンス尺度であり，キャリアに使用できる汎用性の高い尺度も含む。

第Ⅱ部

キャリア探索とレジリエンスにおける実証研究

第4章

大学生のレジリエンスとキャリア探索

——各学年の違いに着目して——

1 研究目的

第1章ではキャリア教育の問題点を概観し，本書の問題意識を示した。第2章ではキャリア探索，第3章ではレジリエンスについての先行研究を概観し，キャリア探索とレジリエンスについての研究枠組みを示した。本章では，キャリア探索とレジリエンスの関連について確認するとともに，各学年のキャリア探索の違いを探索的に検討する。

1．各学年におけるキャリア探索の違い

学校から社会への移行は，成長，探索，確立，維持，衰退（decline：最近では「解放」「離脱」と訳されることが多い）の内，探索段階に相当し（Super, 1980；岡田，2007），第2章で述べた通り，各段階に発達段階が存在する。Ginzberg et al.（1951）は「現実的選択期」（17～24歳）を「探索」「結晶化」「特定化」（第2章：表2-1）とし，自分が望むものと利用できる機会の間で，現実的な考慮を行うとした。Superもまた，探索段階を「暫定期」「移行期」「試行期」と区分している（岡田，2007）。

大学生は「探索」を行う段階にあり，そこには1年ごとに成長の過程と課題があると考えられる。鶴田（2002）は各学年の心理的課題の変化に焦点をあて，その心理的特徴を「学生生活サイクル」として，以下のように区分した（表4-1，4-2，4-3）。

大学生が直面する課題が，学年ごとに異なることに着目した研究は他にもある。青年期の発達課題とストレス体験などを調査した研究では，1年生は高校から大学入学によって起こる変化の存在，4年生は卒業論文や就職活動など卒

表4-1　学生期の各下位時期の心理的特徴（入学期）

時期	区分	領域	内容
入学期	全体的特徴		・今まで慣れ親しんだ生活から離れ，新しい学生生活へと移行する時期 ・入学にともなう新しい状況に入る課題と，入学以前から抱えてきた課題に直面 ・入学後の高揚感と落ち込みが生じやすい時期 ・すべてを自分で決定することが求められる時期 ・新しい生活にうまく適応できない場合には，過去になじんだ習慣や友人関係への逃避が生じやすい
	領域ごとの特徴	学業	相談：入学直後の修学上の問題（単位・履修方法など），学業への集中困難 課題：受験勉強から離れること，カリキュラムに慣れること，関心領域を選ぶこと
		進路	相談：不本意入学や進路変更希望，入学後の目標喪失 課題：大学や学部に所属感をもつこと，学科や専攻を選択すること
		学生生活	相談：学生生活への適応の難しさ（とけ込めなさなど） 課題：新しい環境で生活を開始し展開すること
		対人関係	相談：新しい対人関係を作る難しさ，小集団（クラブ，サークル，グループ）に入る難しさ，症状にともなう対人関係の難しさ 課題：新しい対人関係を開始すること
		親子関係	相談：家族からの別れ（ホームシックなど），親（母）子関係の整理 課題：親や家族から物理的・心理的に離れて親子関係を見直すこと
	その他		・「今までの貝殻が窮屈になったヤドカリが，自分に合った大きさの貝殻を探す」イメージ

出典：鶴田（2002）p. 727 表1-1

表4-2　学生期の各下位時期の心理的特徴（中間期）

時期	区分	領域	内容
中間期	全体的特徴		・学生生活への初期の適応が終わり，将来へ向けた選択がしだいに近づいてくる時期 ・一般に生活上の変化が少なく，時間をかけて自分を見つめることができる時期であり，学生生活を展開して自分らしさを探究する時期 ・逆に，スランプや無気力，無関心に陥りやすい時期 ・大学入学直後の表面的な適応を一時的に壊して真の適応へと至る期間であり，あいまいさの中で内面を見つめる体験をする時期 ・対人関係をめぐる問題が生じやすい時期
	領域ごとの特徴	学業	相談：意欲減退，留年など 課題：中だるみへの対処，専攻の決定，関心の的を絞ること
		進路	相談：進路変更希望，将来の進路への不安 課題：研究室の選択，将来の進路選択への準備
		学生生活	相談：無気力，スランプなど 課題：自分らしい学生生活の展開
		対人関係	相談：同年代との横の対人関係，恋愛，孤立，リーダーシップ 課題：対人関係の深まりと広がり，集団の中での対人関係
		親子関係	相談：家族からの分離 課題：変化が少ない時期，家族を客観視すること
	その他		・来るべき船出へ向けての準備期間である「空白の時代」（立花，1988）というイメージ

出典：鶴田（2002）p. 727 表1-2

表4-3　学生期の各下位時期の心理的特徴（卒業期）

時期	区分	領域	内容
卒業期	全体的特徴		・学生生活を終えて社会生活へと移行する時期，将来への準備をする時期 ・大学での対人関係や学生生活からの別れを前にして，集中的に心の整理や学生生活のまとめを行い，今まで未解決であった課題に向き合う時期 ・卒業という節目を前にして，課題を整理し，内面的な「もう一つの卒業論文」を書くような作業をする学生がいる ・卒業研究，就職・進学という現実的な課題を前にして混乱しやすい時期
	領域ごとの特徴	学業	相談：卒業期の課題を前にした学業への集中困難・混乱 課題：卒業研究への集中・完成
		進路	相談：進路選択の迷い，就職活動・将来への不安，卒業の延期 課題：卒業後の進路選択
		学生生活	相談：学生生活を終えることへの抵抗感 課題：学生生活をまとめること
		対人関係	相談：研究室での上下の対人関係，異性関係 課題：卒業による別れ
		親子関係	相談：進路をめぐる親子のズレ 課題：進路の決定，（父）親の生き方を見直すこと
	その他		・内面的な「もう一つの卒業論文」を書くというイメージ

出典：鶴田（2002）p. 728 表1-3

業や進路決定にかかるストレス，2～3年生はストレスを受けてはいるが，学年としての明確な特徴はなかったことが報告されている（西田，2002）。

大学生の学年による心理的課題は，キャリア探索にも変化を生むと考えられる。キャリア探索は，自己および職業，仕事，組織などの情報収集を目的とし，社会生活への移行に関りを持つ探求活動とされ（Jordaan, 1963; Stumpf et al., 1983；安達，2008），「環境探索」（職業や仕事など社会の情報を収集する），「自己探索」（自分自身について振り返り，より深く理解する）とされる（Stumpf et al., 1983; Zikic & Klehe, 2006）。

若松（2006）は，Stumpf et al.（1983）の尺度を使用し，「情報収集」「自己内省」「外的活動」の3因子を抽出した。安達（2008）は当初「自己探索」と「環境探索」の2側面で解釈し，その後「情報収集」「自己理解」「他者から学ぶ」の3因子を報告している（安達，2010）。川﨑（2005a）は職業選択において，職業の世界を探索し，絞る前にまず拡げていく必要性を指摘した。就職活動の早期化が懸念される中，納得のいく意思決定のためには，低学年次からキャリア探索を行い，職業世界を拡げておくことが必要だろう。また，意思決定の初期段階では「自己探索」が特に重要というように，意思決定の段階に応じてキャリア探索が異なるといった指摘もある（Blustein, 1989；若松，2012）。これらはキャリア探索の行動に，一定の変化があることを示している。キャリア支援は，学生の変化に合わせて行うことが効果的と考えられることから，本章では各学年の違いに着目した。

2 方　法

1．調査時期及び手続き

2019年6月～7月，関西圏私立4大学の教員6名（著者を含む）に無記名調査票の配布・回収を依頼した。参加の強制はなく自由回答とし，何ら不利益は生じないこと，個人が特定される心配はなく，本調査以外の目的では使用されないことなどを，調査票に明記した。なお，本調査は関西大学大学院心理学研究科に設置された研究・倫理委員会の承認を得て，事前に教員から説明を行い，承諾を得た学生に対して実施した。

2．調査対象者

大学生481名から調査票を回収した。内，就職活動中で人数が極端に少ない4年生，大幅な記入漏れのある学生などを除外した458名（男321名・女性136名・その他1名[1]）を分析対象とした。学年は1年生177名・2年生177名・3年生104名，学部は経営，経済，国際文化，社会，理工学部であった。

3．調査内容

属性として学部・学科，学年，性別などの他，以下について尋ねた。

3-1　キャリア探索

Stumpf et al.（1983）を参考に，大学低学年用に開発した日本語版尺度（安達，2008）を使用した。「自己探索」は「自分の長所や短所について考えてみる」などの6項目，「環境探索」は「興味がある仕事に関する情報を集める」などの14項目とした。なお，本章の「環境探索」は学年の違いに着目する観点から，インターンシップや具体的な就職活動も考慮に入れ，若松（2006）を参考に一部項目を追加した。入学してから今までを振り返って，「全く行っていない」「あまり行っていない」「少しは行っている」「まぁまぁ行っている」「非常によく行っている」の５件法で回答を得た。

3－2　レジリエンス

第３章で整理したキャリア・レジリエンス尺度の中に，高橋他（2015）の成人版ライフキャリア・レジリエンス尺度がある。第３章でも述べたように，高橋他（2015）の尺度は，対象とした1000名の内400名は大学生であり，大学生にも十分適用が可能である。キャリア支援にはライフキャリアの観点も重要であり，仕事（ワーク）と余暇（ライフ）は，生涯を通して表裏一体をなす活動とされている（川﨑，1994）。高校生の課外活動への参加が職業探索を促す（Denault, Ratelle, Duchesne, & Guay, 2019）ことも明らかになっていることから，本書では高橋他（2015）の成人版ライフキャリア・レジリエンス尺度（短縮版）を使用した。

「すぐに成果が出なくても，今できることをやることが大事だと思う」などの20項目について，「全くあてはまらない」「あてはまらない」「どちらかといえばあてはまらない」「どちらかといえばあてはまる」「あてはまる」「非常によくあてはまる」の６件法で回答を得た。５因子の具体的な内容については，以下に整理した。

「長期的展望」長期的視野を持ち，今できることを積極的に行う姿勢
「継続的対処」先の見通しを立てながら，継続的に対応しようとする姿勢
「多面的生活」仕事以外の趣味や活動にも積極的に取り組む姿勢
「楽観的思考」将来に肯定的な希望を抱く姿勢
「現実受容」現実的な思考のもと，積極的に事実を受け入れていく姿勢

3 結　果

1．因子分析と各尺度得点

1-1　キャリア探索

主因子法により因子を抽出し，プロマックス回転を行った。因子数はスクリー基準に準拠しつつ，先行研究の因子数や解釈可能性を考慮して決定した（表4-4）。

因子負荷量と共通性，累積寄与率，α係数を検討の上，不十分な項目を削除

表4-4　キャリア探索因子分析結果（主因子法・プロマックス回転）

	第1因子	第2因子	第3因子	共通性
【情報収集】α=.893				
12　興味がある仕事で必要とされる知識や資格について調べる	.885	-.016	-.104	.671
11　興味がある仕事に就くにはどの様に活動すれば良いのか調べる	.884	.018	-.090	.697
9　興味がある仕事に関する情報を集める	.871	-.031	-.015	.676
20　興味のある進路の特定の領域について情報を探す	.771	.017	.039	.627
19　特定の職務や会社について情報を手に入れる	.669	-.024	.172	.600
17　興味がある仕事で必要とされる資格に挑戦する	.514	-.049	.164	.383
7　本や雑誌，インターネットなどで仕事や働くことに関する記事を読む	.452	.106	.106	.362
【自己理解】α=.837				
1　自分の長所や短所について考えてみる	-.068	.789	.072	.518
3　自分が嫌いなこと，不得意なことについて考えてみる	.034	.784	-.093	.540
2　自分の好きなこと，得意なことについて考えてみる	.142	.721	-.149	.548
4　自分という人間について考えてみる	-.049	.688	.089	.464
5　これまでの自分の生き方について振り返ってみる	-.053	.594	.111	.400
【キャリア支援活用】α=.747				
16　キャリアセンターなどに就職のことを相談に行く	.050	-.004	.777	.499
15　インターンシップに参加する	-.040	.007	.692	.375
14　就職に関する説明会や講演会を聴きに行く	.144	.039	.584	.408
累積寄与率　54.89%		因子間相関		
	1	-	.423	.517
	2	-	-	.224

し，因子分析を反復した。結果，3因子15項目（累積寄与率54.89%）が抽出された。第1因子7項目を「情報収集」（$\alpha=.893$），第2因子5項目を「自己理解」（$\alpha=.837$）とし，因子名は安達（2008）に従った。第3因子3項目は「キャリア支援活用」（$\alpha=.747$）と命名した。各尺度を構成する項目得点の平均値を算出し，各尺度得点とした。

1－2　レジリエンス

成人版ライフキャリア・レジリエンス尺度（短縮版）のα係数は.84から.94と信頼性が確認されているため（高橋他，2015），先行研究通り5因子構造とした。各因子のα係数は，第1因子4項目「長期的展望」（$\alpha=.865$），第2因子4項目「継続的対処」（$\alpha=.816$），第3因子4項目「多面的生活」（$\alpha=.924$），第4因子4項目「楽観的思考」（$\alpha=.820$），第5因子4項目「現実受容」（$\alpha=.762$）であった。項目を表4－5に示す。

1－3　変数間の平均値及び標準偏差と男女差の検討

各変数間の平均値と標準偏差を示す（表4－6）。男女別の検討のため，キャリア探索の各下位尺度得点について，t検定を行った。「情報収集」（$t=1.661$, $df=449$, *n. s.*），「自己理解」（$t=1.844$, $df=450$, *n. s.*），「キャリア支援活用」（$t=1.017$, $df=454$, *n. s.*）と有意差が見られなかったため，男女を統合したデータを用いた。

2．レジリエンスと学年によるキャリア探索の違い

レジリエンスの各下位尺度得点の平均値と中央値を求めて分布を確認し，平均値を基準に低群，高群に分類した（表4－7）。

学年とレジリエンスの各下位尺度群（低群・高群）を独立変数，キャリア探索の下位尺度である「情報収集」「自己理解」「キャリア支援活用」を従属変数とした二要因分散分析を行った（表4－8）。

結果，すべてのキャリア探索で，レジリエンスに概ね主効果が見られた。中でも「長期的展望」と「継続的対処」はキャリア探索のすべてにおいて，高群が低群より有意に高かった。長期の展望を持って継続的に対処できるレジリエンスは，全てのキャリア探索と関連していることが示唆された。「自己理解」

は全てのレジリエンス群で，高群は低群より得点が有意に高く，レジリエンスの高い群の方が，低い群より「自己理解」との関連が高いことが示唆された。また，キャリア探索の「情報収集」「キャリア支援活用」において，学年に主効果が見られた。Tukey の多重比較検定の結果，3年生は1年生，2年生よ

表4-5　レジリエンスの各下位尺度項目

【長期的展望】
1　すぐに成果が出なくても，今できることをやることが大事だと思う
2　結果が見えなくてもやってみることが大事だと思う
3　ものごとは長い目で見て考えることが大事だと思う
4　失敗してもそこから学ぶことが大事だと思う

【継続的対処】
5　常に，新しいチャンスを見逃さないように準備している
6　経験したことがないようなできごとが起きても落ちついて行動できる
7　危機的な状況に出会ったとき，それに立ち向かっていける
8　ものごとが思ったように進まない場合でも，適切に対処できる

【多面的生活】
9　人生では，仕事以外に楽しめるような趣味をもちたいと思う
10　人生では，仕事以外の活動でも満足感を得たいと思う
11　人生では，仕事以外の目標も持ちたい
12　人生では，仕事以外の時間も充実させたいと思う

【楽観的思考】
13　将来について楽観的である
14　ものごとが思ったように進まない場合でも，きっとなんとかなると思う
15　困った時でも「なんとかなるだろう」と考えることができる
16　嫌なことがあっても，いつまでもくよくよと考えない

【現実受容】
17　必要に応じて，目標のレベルを下げることができる
18　現実に合った目標を立てることができる
19　自分には達成できないとわかった目標には，いつまでもこだわらない
20　自分の立てた目標に問題があると感じたら，もう一度目標を立て直すことができる

表4-6　変数間の平均値および標準偏差

	情報収集	自己理解	キャリア支援活用	長期的展望	継続的対処	多面的生活	楽観的思考	現実受容
平均値	2.70	3.55	1.93	4.75	3.76	5.32	4.13	4.04
標準偏差	0.90	0.76	0.95	0.81	0.91	0.86	1.08	0.82

表4－7　レジリエンスの下位尺度群と学年の記述統計

従属変数	学年	1年生			2年生			3年生		
	レジリエンス群	*N*	*M*	*SD*	*N*	*M*	*SD*	*N*	*M*	*SD*
情報収集	長期的展望低群	83	2.29	0.749	91	2.57	0.835	54	2.91	0.781
	高群	87	2.74	0.899	79	2.78	0.965	49	3.13	1.003
	継続的対処低群	91	2.33	0.729	94	2.39	0.744	54	2.78	0.871
	高群	79	2.75	0.934	73	3.03	0.976	48	3.27	0.867
	多面的生活低群	80	2.38	0.797	85	2.61	0.863	55	3.05	0.872
	高群	92	2.64	0.885	84	2.72	0.939	46	2.94	0.946
	楽観的思考低群	85	2.39	0.781	78	2.47	0.820	56	2.84	0.836
	高群	86	2.66	0.902	92	2.84	0.942	46	3.19	0.923
	現実受容低群	102	2.48	0.874	90	2.66	0.914	57	2.81	0.805
	高群	70	2.60	0.824	80	2.71	0.897	45	3.27	0.954
自己理解	長期的展望低群	83	3.22	0.719	91	3.32	0.781	54	3.50	0.699
	高群	87	3.71	0.728	79	3.82	0.711	49	3.80	0.665
	継続的対処低群	91	3.32	0.724	94	3.38	0.770	54	3.59	0.727
	高群	79	3.67	0.770	73	3.81	0.737	48	3.71	0.664
	多面的生活低群	80	3.30	0.639	85	3.38	0.797	55	3.67	0.672
	高群	92	3.64	0.823	84	3.73	0.749	46	3.62	0.737
	楽観的思考低群	85	3.31	0.705	78	3.35	0.813	56	3.59	0.703
	高群	86	3.65	0.784	92	3.73	0.729	46	3.70	0.699
	現実受容低群	102	3.41	0.767	90	3.35	0.771	57	3.62	0.708
	高群	70	3.59	0.749	80	3.79	0.749	45	3.68	0.689
キャリア支援活用	長期的展望低群	83	1.64	0.746	91	1.69	0.830	54	2.40	0.852
	高群	87	1.84	0.901	79	1.64	0.756	49	2.93	1.063
	継続的対処低群	91	1.56	0.668	94	1.56	0.702	54	2.49	0.935
	高群	79	1.97	0.971	73	1.79	0.878	48	2.82	1.036
	多面的生活低群	80	1.75	0.826	85	1.77	0.803	55	2.69	0.958
	高群	92	1.74	0.860	84	1.53	0.719	46	2.56	1.023
	楽観的思考低群	85	1.66	0.844	78	1.63	0.759	56	2.49	0.841
	高群	86	1.84	0.837	92	1.72	0.840	46	2.82	1.122
	現実受容低群	102	1.71	0.869	90	1.62	0.721	57	2.53	0.926
	高群	70	1.81	0.798	80	1.74	0.889	45	2.81	1.067

表4－8　レジリエンスの下位尺度群と学年による二要因分散分析結果

変数	主効果(レジリエンス群)			主効果（学年）			交互作用		
	df	*F*	η^2	*df*	*F*	η^2	*df*	*F*	η^2
情報収集									
学年×長期的展望	1,437	11.83***	.026	2,437	10.64***	.046	2,437	1.01	.005
学年×継続的対処	1,433	38.50***	.082	2,433	10.30***	.045	2,433	0.73	.003
学年×多面的生活	1,436	0.99	.002	2,436	9.73***	.043	2,436	1.37	.006
学年×楽観的思考	1,437	15.22***	.034	2,437	10.27***	.045	2,437	0.14	.001
学年×現実受容	1,438	5.94*	.013	2,438	10.19***	.044	2,438	1.89	.009
自己理解									
学年×長期的展望	1,437	37.57***	.079	2,437	2.15	.010	2,437	0.73	.003
学年×継続的対処	1,433	16.90***	.038	2,433	1.64	.007	2,433	1.46	.007
学年×多面的生活	1,436	8.62**	.019	2,436	1.79	.008	2,436	2.71	.012
学年×楽観的思考	1,437	14.51***	.032	2,437	1.64	.007	2,437	1.09	.005
学年×現実受容	1,438	9.22**	.021	2,438	1.30	.006	2,438	2.56	.012
キャリア支援活用									
学年×長期的展望	1,437	7.60**	.017	2,437	51.04***	.189	2,437	3.80*	.017
学年×継続的対処	1,433	15.00***	.033	2,433	47.51***	.180	2,433	0.47	.002
学年×多面的生活	1,436	2.26	.005	2,436	46.46***	.176	2,436	0.78	.004
学年×楽観的思考	1,437	5.49*	.012	2,437	46.77***	.176	2,437	0.63	.003
学年×現実受容	1,438	3.97*	.009	2,438	46.75***	.176	2,438	0.36	.002

*$p<.05$, **$p<.01$, ***$p<.001$

り「情報収集」「キャリア支援活用」の各得点が有意に高く，1年生，2年生の間に有意差はなかった。大学生は3年生になってから，「情報収集」や「キャリア支援活用」を行っていた。特に「キャリア支援活用」は効果量も高く，キャリアセンターの利用やインターンシップなど，学年による違いが大きかった。一方，「自己理解」は学年による有意差がなかった。

「キャリア支援活用」の「長期的展望」に有意な交互作用（$F(2,437)=3.80$, $p<.05$）が見られたため，単純主効果の検定を行った（図4－1）。その結果，低群（$F(2,447)=15.221$, $p<.001$）および高群（$F(2,447)=38.345$, $p<.001$）における学年の単純主効果が有意であり，3年生は1年生，2年生よりも「キャリア支援活用」得点が高かった。効果量は低群0.064，高群0.146であった。また，3年生における低群および高群の単純主効果が有意であり，3年生は高群が低群より有意に高かった（$F(1,447)=9.897$, $p<.01$）。効果量は3年生0.022であり，1年生，2年生に有意差はなかった。3年生では1年生，2年生と比較し「長

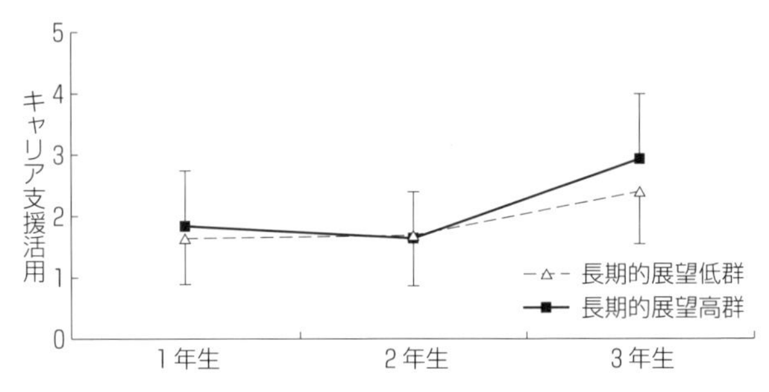

図4－1　「キャリア支援活用」における「長期的展望」と学年の交互作用

期的展望」低群，高群共に上昇するが，高群が低群よりも上昇率が高く，「キャリア支援活用」が活発なことが示唆された。

4 考　察

本章では，キャリア探索とレジリエンスの関連と，各学年のキャリア探索の違いを探索的に検討した。

1．レジリエンスとキャリア探索

キャリア探索は「多面的生活」を除き，レジリエンス高群が低群よりも得点が有意に高かった。「多面的生活」も「自己理解」については，高群の方が低群より得点が有意に高かった。中でも，「長期的展望」と「継続的対処」はレジリエンス高群と低群の有意差が高く出ていた。中村・川口（2015）は，大学生と社会人のどちらも，レジリエンスの高さが就業動機を高めることを示している。「長期的展望」は，すぐに結果が出なくても，今できることをやろうとするレジリエンスであり，「継続的対処」は，先の見通しを立てながら，継続して準備を行うレジリエンスである。今回の結果だけでは因果関係の推論はできないが，レジリエンスとキャリア探索の関連は示されたといえる。これらは，ポジティブな心理状態とキャリア探索との関連を示唆した先行研究を支持している。就職活動は早期化が懸念され，予測不能な試練の場となっている。大学生は限られた期間で内定を獲得しなければならず，不採用経験による抑うつや不安が生じても就職活動を継続しなければならない（輕部・佐藤・杉江，2015）。Grotberg（2003）はレジリエンスを，人生の避けられない逆境に対処，克服し，そこから学ぶ能力，あるいはそれによって自分が変化する可能性とし，成長過程で獲得する能力ととらえた。不安定な状況に耐え，自らのキャリアを築き続けようとするレジリエンスは，悩みを抱える青年期の支援に有効である。レジリエンスを獲得することで，就職活動はもちろん，人生の様々な困難を乗り越え，キャリア探索の継続に役立つ可能性が考えられる。

2．各学年におけるキャリア探索の違い

大学生はキャリア探索の「情報収集」「キャリア支援活用」を3年生から行っていた。特に「キャリア支援活用」は，その傾向が強く出ていたといえる。これは，1～2年生の他者から学ぶことへの平均値が低く，積極的に行われていないことを示唆した安達（2010）を支持している。低学年次からのインターンシップ推進が活発化する中（松坂・山本，2019），取り組みが浸透していない現状も示されたことになる。

一方，キャリア探索の「自己理解」に学年の有意差は見られず，低学年次から一定の探索が行われていることが示された。Blustein（1989）はキャリア開発プロセスにおいて，「自己探索」と「環境探索」は異なる役割を持つ可能性があると報告している。自己概念の結晶化が伴う場合，キャリア意思決定の初期段階では「自己探索」が特に重要との指摘もある（Harren, 1979; Blustein, 1989）。今回の調査では，「自己探索」にあたる「自己理解」は学年ごとの違いではなく，レジリエンスの影響が強く出ていた。自分と向き合う作業は楽しいことばかりではない。自分への課題に直面した時，レジリエンスの機能が発揮された可能性も考えられるだろう。「情報収集」「キャリア支援活用」には学年差が見られたことから，本調査は，「自己探索」と「環境探索」は異なる役割を持つ（Blustein, 1989）という先行研究を支持したと考えられる。

交互作用の結果から，3年生は「長期的展望」の高いレジリエンス群の方が低い群より，キャリア支援を活用する傾向が示唆された。「長期的展望」は結果がすぐに見えなくても，できることをやっていくレジリエンスである。就職活動に入る3年生は先が見えない不安や，意思決定上の悩みや葛藤に襲われる。精神的に苦しい状況に陥るほど，レジリエンスが支えになるのだろう。

鶴田（2002）は1年生を入学期とし，慣れ親しんだ生活から新しい生活や人間関係への移行と適応の時期，2～3年生を中間期とし，内面を見つめる体験をし，自分らしさを探求する時期とした。そして中間期が，学生の心理的成長に大きな意味を持つと述べている。クラス単位での教育活動の観点から，1年生前期には初年次教育，3年生はゼミ指導があることを考えると，1年生後期から2年生への教育的介入に検討すべき課題があるとも考えられる。この時期は様々なことを吸収し，挑戦できる時期である。故に，目的を見失ったまま，挑戦や探索ができなかった学生との差は，今後の社会移行に影響を及ぼしかねない。

西田（2002）は大学生のストレス体験で，学年として明確な特徴があったのは1年生と4年生であるとし，4年生は卒業や進路決定のストレスがあったことを指摘している。本調査はストレスを変数としていないが，キャリア探索は3年生から大きく促進されていた。このことは，本調査を実施した2019年と2002年の時代背景の違いも関係しているのではないだろうか。現在，就職活動が早期化され，4年生で受ける進路決定のプレッシャーを3年生で感じている可能性も考えられる。就職活動の早期化により，鶴田（2002）のいう中間期（時間をかけて船出の準備をする探求の時期）が，以前より短くなってきているのかもしれない。Ginzberg らや Super，鶴田のいう心理的課題などをふまえて，現在の大学生の発達段階に対応させ，キャリア支援を検討すべきであろう。

そして，絶え間ない変化や不確実性に対処していくためには，レジリエンスを一つの能力的要素と位置づけ，育んでいくことが重要である。レジリエンスには，持って生まれた気質と関連の強い「資質的レジリエンス」と，発達的に身につけやすい「獲得的レジリエンス」がある（平野，2010）。「資質的レジリエンス」はその資質を理解した個別の対応に活用でき，「獲得的レジリエンス」は能力的要素として，教育やカウンセリングなどの支援に活用できると考えられる。

本章の結果は，低学年次生へのレジリエンスへの介入と支援が，3年生のキャリア探索を高める可能性を示唆している。レジリエンスの介入や支援をキャリア教育やインターンシップと合わせて行うこと，低学年次から「自己探索」と並行し，職業世界を拡げる活動を行っていくことが必要であろう。

5　今後の課題

今後の課題は以下の3点である。

第一に，本章では横断調査を行っているが，個人の発達段階を見る場合には縦断調査が求められる。今後は，各学年を通した縦断調査を実施したい。

第二に，本章の調査は関西近郊の4大学のみである。性別間の人数などは調整できておらず，本章の結果だけで一般化できるものではない。

第三に，レジリエンスがキャリア探索にどう影響しているのかの詳細までは明らかになってはいない。今後の課題としたい。

注

1）　性的少数者への配慮から，性別を特定しない「その他」を調査票回答項目に追加した。

第5章

ロールモデルとレジリエンスがキャリア探索に及ぼす影響

——大学1～2年生を対象として——

1 研究目的

第4章では，レジリエンスの高群が低群よりキャリア探索を行っていることが示された。学年にも違いがあり，キャリア探索の「自己理解」には学年の有意差は見られず，低学年から一定の探索が行われていることが明らかになった。

一方，「情報収集」「キャリア支援活用」は，3年生になってキャリア探索が行われていたが，1年生と2年生の間に有意差はなかった。特に「長期的展望」の高いレジリエンス群の方が低い群より，3年生になってキャリア支援を活用する傾向が示唆された。

このように，レジリエンスとキャリア探索とは関連していることが明らかになった。また，「環境探索」にあたる「情報収集」や「キャリア支援活用」，「自己探索」にあたる「自己理解」では，異なる結果が示された。

本章は，第2章のキャリア探索，第3章のレジリエンスとの関連性を指摘したロールモデルを加え，ロールモデルとレジリエンスがキャリア探索にどう影響しているのかを明らかにする。

1．ロールモデルの定義

ロールモデルは概念が広範であることから，本章ではレジリエントなロールモデルについて検討する。

Southwick & Charney（2012 森下・西・森下監訳 2015）が行ったレジリエントな人達に対するインタビュー調査に，コロンビア大学医学部の臨床心理学教授コーノスの例がある。コーノスは幼いときに両親を亡くして養子に出されているが，母親は今も彼女に影響を与え続けるロールモデルである。コーノスの母親は病気で亡くなる直前まで仕事をしており，がんが転移し，肺を摘出して胸水もあり，呼吸が困難であっても，負けることなく自分の役割を果たした。身体がどんなにきつくても言い訳せず，起きて仕事に行った母親を見てきたことから，コーノスは身体が健康な自分は，何も言い訳をするわけにはいかないと述べている。

このように，レジリエントな人達には，信念や物事に対する姿勢，行動を尊敬するロールモデルがいたことがわかるだろう。本章のレジリエントなロールモデル（以下，ロールモデル）は，レジリエンスの定義に従い，「困難やストレスのある不安定な状況でも，それを乗り越えて自分のキャリアを構築していく力を持った人」と操作的に定義する。

2．仮説の設定

第2章，第3章で述べたロールモデルとの関連と，第4章で明らかになったレジリエンスとキャリア探索との関連から，ロールモデル，レジリエンス，キャリア探索は関連していることが予想される。また，ロールモデルとキャリアに関する先行研究から，キャリア探索を従属変数にすることが自然であろう。高いレジリエントを発揮する子供たちが，レジリエントなロールモデルからサポートなどを受けていたとされる研究（Southwick & Charney, 2012 森下・西・森下監訳 2015）から，ロールモデル，レジリエンス，キャリア探索の順で進行することが仮定できる。

しかし，前述の研究はインタビューでの調査であり，量的調査で関係性を実証しているわけではない。レジリエンスとキャリア探索の研究も蓄積されておらず，ロールモデルとレジリエンス，キャリア探索の関連性や，キャリア探索に及ぼす影響も明らかになってはいない。そこで本章では，ロールモデルとレジリエンス，キャリア探索との関連性を検討し，キャリア探索への影響を明らかにするため，以下の仮説を想定した。始発点となるモデルを図5－1に示す。

仮説（1）：ロールモデルに多く出会っていると，励ましや支えを受けているため，キャリア探索（環境探索・自己探索）が促進される。

仮説（2）：ロールモデルに多く出会っているほど，つらいときの対処法を学んでいるため，レジリエンスが高まる。

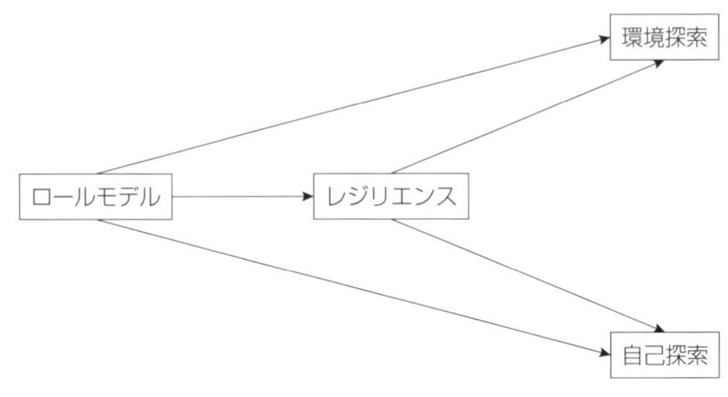

図5－1　パス解析による始発モデル

仮説（3）：レジリエンスが高まるほど，不安定な状況でもキャリア形成に対処しようとするため，キャリア探索（環境探索・自己探索）が促進される。

第4章で大学低学年次生への介入と支援が3年生のキャリア探索を高めると示唆されたことから，介入の手がかりを得るため，調査対象を1～2年生とした。本章の目的は，仮説（1）～（3）を検証し，ロールモデルとレジリエンス，キャリア探索との関連を確認することと，ロールモデルとレジリエンスのキャリア探索への影響を明らかにすることである。

2 方　法

1．調査時期及び手続き

2019年12月～翌年1月にかけて，関西圏私立3大学の教員（著者を含む）に無記名調査票379名分を配布し，回収を依頼した。参加は強制ではなく自由回答であり，何ら不利益は生じないこと，個人が特定される心配はなく，本調査以外の目的では使用されないことなどを調査票に明記した。なお，本調査は関西大学大学院心理学研究科に設置された研究・倫理委員会の承認を得て，事前に教員から口頭説明を行い，承諾を得た者に対して実施した。

2．調査対象者

大学生339名（1年生162名，2年生130名，3年生27名，4年生15名，未記入5名）か

ら調査票を回収した。内，３～４年生と記入漏れのある学生を除く264名を分析対象とした。学年は１年生151名，２年生113名，性別は男性182名，女性76名，その他[1]６名である。学部は，経営，経済，人文，健康スポーツ，バイオ環境，総合情報学部であった。

３．調査内容

属性として学部・学科，学年，性別と以下について尋ねた。

３－１　キャリア探索

Stumpf et al.（1983）を参考に，低学年次生向けに開発されたキャリア探索日本語版尺度（安達，2008）を使用した。「自己探索」は「自分の長所や短所について考えてみる」などの６項目，「環境探索」は「興味がある仕事に関する情報を集める」などの７項目である。入学してから今までを振り返って，「全く行っていない」「あまり行っていない」「少しは行っている」「まぁまぁ行っている」「非常によく行っている」の５件法で回答を得た。

３－２　ロールモデル

レジリエントなロールモデルは，尺度化されたものが見あたらないため，高橋他（2015）を参考に，「結果が見えなくてもやってみることができる人」などの５項目を作成した。項目の選定にあたっては，第４章のレジリエンスの因子分析結果から，各因子の負荷量が最も高いものを選出した。「あなたは今までに，以下のそれぞれの項目にあてはまるような人にどれくらいたくさん出会ってきた（そういう人を見てきた）でしょうか？」と教示し，「全く出会わなかった」「あまり出会わなかった」「どちらかといえば出会わなかった」「どちらかといえば出会ってきた」「出会ってきた」「非常に出会ってきた」の６件法で回答を得た。

３－３　レジリエンス

高橋他（2015）の成人版ライフキャリア・レジリエンス尺度（短縮版）５因子20項目を使用した。各因子の具体的な概念と項目は，以下である。

「長期的展望」長期的視野を持ち，今できることを積極的に行う姿勢
「継続的対処」先の見通しを立てながら，継続的に対応しようとする姿勢
「多面的生活」仕事以外の趣味や活動にも積極的に取り組む姿勢
「楽観的思考」将来に肯定的な希望を抱く姿勢
「現実受容」現実的な思考のもと，積極的に事実を受け入れていく姿勢

質問項目は，「すぐに成果が出なくても，今できることをやることが大事だと思う」「常に新しいチャンスを見逃さないように準備している」などの20項目について，「全くあてはまらない」「あてはまらない」「どちらかといえばあてはまらない」「どちらかといえばあてはまる」「あてはまる」「非常によくあてはまる」の６件法で回答を得た。

3 結　果

1．因子分析と尺度得点

1‐1　キャリア探索

主因子法により因子を抽出し，プロマックス回転を行った。因子数はスクリー基準に準拠しつつ，因子負荷量と共通性，累積寄与率，α係数を検討した。なお，分析にはSpss 25.0を使用した。先行研究で２因子（安達，2008）と３因子（安達，2010）が確認されているため，双方の可能性を検討した。３因子解のα係数が .700を切る低い数値であったこと，２因子の負荷量は項目を削除することなく全て .400以上であることから，２因子解（13項目）を採用した（表５‐１）。

各尺度を構成する項目得点の平均値を算出し，各尺度得点とした。第１因子６項目を「自己探索」（α＝.881），第２因子７項目を「環境探索」（α＝.841）とした。

1‐2　ロールモデル

因子分析の結果，１因子となった（表５‐２）。項目得点の加算平均値を算出し，尺度得点とした。α係数は .816であった。

表5-1　キャリア探索因子分析結果（主因子法・プロマックス回転）

	第1因子	第2因子	共通性
【自己探索】α= .881			
1　自分の長所や短所について考えてみる	.890	−.078	.655
4　自分という人間について考えてみる	.799	.004	.595
3　自分が嫌いなこと，不得意なことについて考えてみる	.762	−.038	.524
2　自分の好きなこと，得意なことについて考えてみる	.755	.021	.566
5　これまでの自分の生き方について振り返ってみる	.685	.018	.481
6　これからの自分の生き方について想像してみる	.440	.340	.507
【環境探索】α= .841			
11　興味がある仕事に就くにはどの様に活動すれば良いのか調べる	−.004	.822	.687
12　興味がある仕事で必要とされる知識や資格について調べる	−.048	.795	.656
9　興味がある仕事に関する情報を集める	−.013	.757	.528
7　本や雑誌，インターネットなどで仕事や働くことに関する記事を読む	−.003	.617	.382
10　将来の仕事について友人や先輩，家族などから話を聴く	.116	.538	.482
8　仕事や働くことをテーマにしたTV番組を観たり，講演会を聴きに行く	−.074	.529	.315
13　社会人から仕事や働くことについて話を聴く	.079	.508	.404
累積寄与率　50.70%		因子間相関	
	1	−	.571

表5-2　ロールモデル因子分析結果（主因子法・プロマックス回転）

	第1因子	共通性
【ロールモデル】α= .816		
2　危機的な状況に出会ったときに，立ち向かっていける人	.761	.496
1　結果が見えなくても，やってみることができる人	.743	.472
3　仕事以外の活動でも人生で満足感を得らえている人	.676	.369
4　困った時でも「なんとかなるだろう」と考えることができる人	.659	.374
5　達成できないと分かった目標に，いつまでもこだわらない人	.590	.323
累積寄与率　47.38%		

1-3　レジリエンス

成人版ライフキャリア・レジリエンス尺度（短縮版）のα係数は.84から.94であり，信頼性が確認されている（高橋他，2015）。本章はキャリア探索に向けて，ロールモデルとレジリエンスとの関連性を確認することが目的である。そのため，レジリエンスの各因子を別々に解釈せず，全体としてとらえることにし，加算平均値を尺度得点とした。α係数は.883であった。

2．男女差の検討

男女別の検討を行うために，ロールモデル，レジリエンス，キャリア探索の各下位尺度得点について，*t* 検定を行った。結果，「環境探索」（$t = .084$, $df = 256$, *n. s.*），「自己探索」（$t = .629$, $df = 256$, *n. s.*）と有意差が見られなかったことから，本調査では男女を統合したデータを用いた。平均値と標準偏差を相関係数と合わせて表5－3に記す。相関係数からロールモデル，レジリエンス，キャリア探索（環境探索・自己探索）の間には有意な正の相関があり，ロールモデルとキャリア探索（環境探索・自己探索）にも関連があることが示唆された。

3．パス解析によるモデルの検討

ロールモデルとレジリエンスが，キャリア探索に及ぼす影響を検討するため，Amos 25.0を使用して，最尤推定法によるパス解析を行った。始発モデル（図5－1）の適合度指標は$\chi^2 = 54.886$，$df = 1$，$p < .001$，GFI＝.914，AGFI＝.139，CFI＝.782，RMSEA＝.453，AIC＝72.886であり，十分な値は得られなかった。そこでロールモデルから「環境探索」への有意ではないパスを削除し，修正指数に従って「自己探索」から「環境探索」へのパスを加えたところ，図5－2のモデルが得られた。適合度指標は$\chi^2 = .387$，$df = 1$，$p <$ *n. s.*，GFI＝.999，AGFI＝.993，CFI＝1.00，RMSEA＝0.00，AIC＝18.387であり，モデルとして十分な値であると判断した。

ロールモデルから「環境探索」への直接効果のパスは有意ではなかった。そのため，レジリエンスの媒介効果をより正確に評価するため，ブートストラップ法（標本：1000）を用いて95％信頼区間（CI）を計算した。結果を表5－4に示す。

表5－4に示す通り，間接効果は「環境探索」.302（95％CI：.212，.386），「自己探索」.129（95％CI：.040，.237）と，全て信頼区間に0が含まれておらず有意であった。これらのことから，レジリエンスがロールモデルとキャリア探索（環境探索・自己探索）との関連を媒介していることが示唆された。さらに「環境探索」については，レジリエンスが媒介することで直接効果が有意ではなくなったことから，レジリエンスが完全媒介しているといえよう。「自己探索」は，直接効果が全体の67.3％，間接効果が32.7％と直接効果の方が高く，ロー

表５－３　変数間の平均値および標準偏差と相関係数

	平均値	標準偏差	ロール モデル	レジリ エンス	環境探索	自己探索
ロールモデル	4.30	0.89	—	529***	.327***	.394***
レジリエンス	4.32	0.65			.409***	.384***
環境探索	2.81	0.80				.538***
自己探索	3.53	0.84				

*** $p<.001$

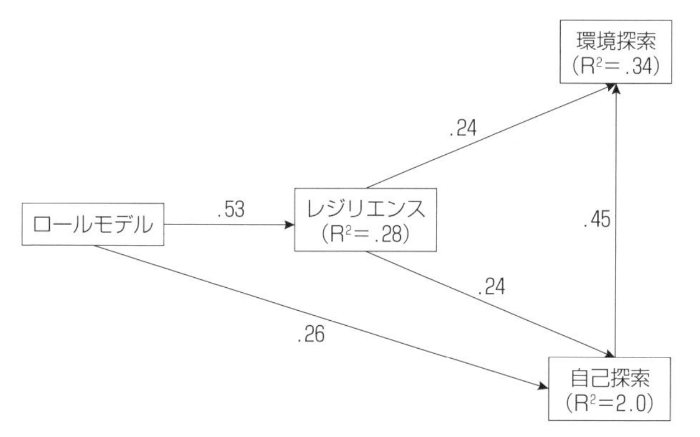

図５－２　パス解析による最終モデル

表５－４　キャリア探索の間接効果に関するブートストラップの結果

	標準化 間接効果	p	95%信頼区間	
			下限	上限
環境探索	.302	.002	.212	.386
自己探索	.129	.006	.040	.237

ルモデルが「自己探索」に及ぼす影響が高いことが示された。

４ 考　察

本章の目的は仮説（１）～（３）を検証し，ロールモデルとレジリエンス，キャリア探索との関連性を確認するとともに，キャリア探索への影響を明らかにすることであった。

1．仮説（1）に対する考察

ロールモデルは「自己探索」に直接の影響があり，ロールモデルに多く出会っているほど，「自己探索」が促進されることが示唆された。キャリア探索の「自己探索」について，仮説（1）が支持されたといえる。何の拠りどころもなく，自分と対峙することは難しい。逆境や困難を乗り越えてきたロールモデルへの憧れが，自己内省を促すのに役立つのだろう。

一方，ロールモデルは「環境探索」に直接影響しておらず，キャリア探索の「環境探索」については，仮説（1）は支持されなかった。「環境探索」は具体的な情報収集の他，講演会に足を運んだり，社会人に話を聴いたりするなど，未知の領域に踏み出す行動が必要とされる。第4章で1～2年生は「環境探索」をあまり行っておらず，3年生になってから情報の収集やキャリアセンター利用などを行っていることが示唆された。1～2年生にとって，ロールモデルの存在だけでは，一歩踏み出す行動につながらなかった可能性が考えられる。

ブートストラップ法での検証により，レジリエンスはロールモデルと「環境探索」の間を媒介していることが示唆された。未知の領域に踏み出し，新しい環境を探索するレディネスには，レジリエンスが必要とされるのだろう。第4章でレジリエンスの「長期的展望」と「継続的対処」がキャリア探索に影響していることが明らかになった。ロールモデルから，励ましや支えを多く受けていることが，「長期的展望」（長期的視野を持ち，今できることを積極的に行う姿勢）や，「継続的対処」（先の見通しを立てながら，継続的に対応しようとする姿勢）につながっているのではないだろうか。日本においては，関係性の中で適切な役割を遂行することが，レジリエンスを発揮し，精神的健康を保つ可能性も指摘されている（村木，2015）。

キャリア開発のプロセスにおいて，「環境探索」と「自己探索」は異なる役割を持つ可能性が示唆されているが（Blustein, 1989），本調査も先行研究を支持したと考えられる。特に「環境探索」には，レジリエンスの機能が重要であることが示唆された。

2．仮説（2）に対する考察

ロールモデルは，レジリエンスにやや強い影響を与えており，仮説（2）は支持された。ロールモデルに出会っているほど，レジリエンスが高まることが示唆されたといえる。

ロールモデルに出会っているほど，つらいときにどうしたらいいのかを学ぶ機会に恵まれる。レジリエンスはこれまで「回復」に焦点を当てていたが，近年の研究ではその概念が拡大され，「成長」を含めてとらえる見方が出てきている（村木，2015）。第3章でも述べたように，ロールモデルを思い浮かべることで，精神的回復だけではなく，「あの人ならどう乗り越えるだろうか」という前向きな問いが生まれる。そのことが「つらくても，もう少し頑張ろう」という粘り強さや，成長につながる姿勢となるのだろう。ロールモデルの存在は，挫けそうな自分を支える機能（レジリエンス）へとつながっている可能性が考えられる。

3．仮説（3）に対する考察

レジリエンスはキャリア探索（環境探索・自己探索）に影響しており，仮説（3）は支持された。このことから，レジリエンスが高まるほど，キャリア探索が促進されることが示唆された。これらはレジリエンス高群が低群よりも，キャリア探索を行っていることを示した第4章を支持している。

「私立大学学生生活白書2018」（日本私立大学連盟，2018）によれば，大学生活で最も多い不安・悩みの1位は「就職や将来の進路」（44.2%）であり，2位以下の「授業などの学業」（24.5%），「友人などとの対人関係」（23.6%）を大きく引き離していた（日本私立大学連盟，2018）。このように，進路への不安を抱えていても，レジリエンスが高まっていれば，キャリア形成に対処しようとしてキャリア探索が促進されるのではないだろうか。このことは，レジリエンスというポジティブな心理状態が，キャリア探索を促す可能性を示したといえよう。

5　今後の課題

最後に今後の課題として，以下の2点があげられる。

第一に，本章の調査は関西近郊の３大学のみを対象としたものである。性別間の人数は統制できておらず，本調査のみをもって一般化することは難しい。今後は，別の集団でも再現できるのかを確認する必要がある。

第二に，本章では，その目的に合わせてレジリエンスを一つの概念としてとらえているが，レジリエンスの概念は広範であり，先行研究でも複数の因子に分かれている。また，国内におけるロールモデルの研究が少なく，本章におけるロールモデルはレジリエントなロールモデルを設定している。今後はロールモデル，レジリエンス，キャリア探索の関連性を示した研究を蓄積し，変数間の影響について，より詳細に調査する必要がある。

注

1）性的少数者への配慮から，性別を特定しない「その他」を調査票回答項目に追加した。

第6章 キャリア探索と就職活動中の取り組みが内定後の満足・意欲と不安に与える影響

1 研究目的

第5章では，ロールモデルはレジリエンスを媒介し，「自己探索」と「環境探索」のそれぞれに影響を与えていることが明らかになった。ロールモデルは「自己探索」には直接の影響を与えているが，「環境探索」へは影響していなかった。特に「環境探索」にはレジリエンスが重要であること，「自己探索」にはロールモデルの存在が大きいことが示唆された。第4章，第5章の結果から，キャリア探索の促進には，レジリエンスとロールモデルが関わっていることが明らかになった。このように，これまではキャリア探索を従属変数とし，その促進要因を検討してきた。

本章ではキャリア探索を独立変数とし，大学生活で行ったキャリア探索の影響が，就職活動や内定後にどう影響しているかを検討するため，就職活動を終えた4年生に着目した。大学生のライフイベントの中でもっとも大きな存在であり，レジリエンスを必要とするのは就職活動であろう。学生にとって就職活動が重要な転機であることは間違いないが，内定を獲得することだけがゴールではない。内定を得た先には，学生から社会人への移行が待ち受けており，児美川（2016）のいう社会化と主体化を進めていかなければならない。要するに，就職活動を乗り越えてから，どのような意識で次の社会環境に向き合っていくのかが重要なのである。そして，内定先に対して肯定的な意識を持つことが必要だろう。内定後の意識まで含めた一連の就職活動を調査することで，キャリア探索をより深くとらえることができる。

本章の目的は，キャリア探索と就職活動中の取り組みが，内定後の満足・意欲や不安にどう影響しているのかを明らかにすることである。

1．背景と問題意識

第１章で述べた通り，近年は青年期から成人期の移行に対する長期化の問題が懸念される（宮本，2004，2005）。社会的・職業的自立にあたっては，大学生の職業意識の不明確さが進路選択の困難さに影響しているとされた（杉本，2014）。入社後，組織への適応を円滑に行うことが，新規学卒者のキャリア発達上の重要な課題とされているが（Super, 1957 日本職業指導学会訳 1960；竹内，2012），大学卒業後の新規学卒者は就職後３年以内に約３割が早期離職している（厚生労働省，2016）。これらは企業にとって損失であることはいうまでもなく，個人のキャリア形成にも関わってくるものと考えられる。

2．就職活動に関する先行研究

就職活動に関する先行研究は多くあるが，ここではキャリア探索と関連する研究をあげる。浦上（1996b）は，就職活動に関する探索的な変数が，自己成長力を高めることを示唆した。ここで使用された就職活動の変数を見てみると，「自己と職業の理解・統合」（項目例：自分の才能をもっとも生かせると思う職業分野を決めること，自分の望むライフスタイルに合った職業を探すこと），「就職活動の計画・実行」（項目例：できるだけ多くの採用先（会社や学校など）と連絡を取ること，学校の就職係や職業安定所を探し，利用すること），「就職活動に対する振りかえり」（項目例：失敗や成功の原因を考えながら就職活動を続けること，就職活動が上手くいかないとき，その理由を考えること）の３因子に分類される。「自己と職業の理解・統合」「就職活動の計画・実行」は，その項目内容から，キャリア探索の「自己探索」，「環境探索」に近い因子といっていいだろう。

さらに浦上（1996b）は，Stumpf et al.（1983）のキャリア探索尺度などには項目化されていない行動群があるとし，ある程度就職活動が進行した時点で「就職活動に対する振りかえり」が起こるとしている。「就職活動に対する振りかえり」は，一定のキャリア探索が行われたのち，このままでいいのかと悩んだり，上手くいかないときの原因を探ったりするものであるため，就職活動中の取り組みの一つと考えられる。

就職活動が上手くいかないことを痛感する出来事として，不採用の経験があげられるだろう。輕部・佐藤・杉江（2014）は，個人の不採用の経験や達成課題をどう乗り越えていくかという点に着目し，浦上（1996b）の「就職活動に対する振りかえり」の過程に，詳細な検討が必要とした。内定を獲得するためには，不採用経験によって抑うつや不安が高まっても，就職活動を継続する必要があるとし，大学生が企業からの不採用経験を乗り越え，就職活動を維持していく過程を尺度として開発している（輕部他，2015）。その尺度項目には，「自分らしい就職態度の確立」「模索的行動」「目標の明確化」「不採用経験の振り返り」「他者への自己開示」「認知的切り替え」の6因子が報告されている。

不採用という結果は，本人にとって決して軽いものではない。これまでの努力だけではなく，自分自身が否定されたような感覚になることも少なくない。そうした苦しい状況の中でも，もう一度自分を見つめ直し，就職活動を振り返ろうとする行動そのものがレジリエンス（困難やストレスのある不安定な状況でも，それを乗り越えて自分のキャリアを構築していく力）であろう。

3．内定後の満足・意欲と不安

大学生が就職先に対して満足し，意欲的であるなどポジティブな活動力を持っていることは，その後の社会適応にも影響すると考えられる。第2章で述べた通り，キャリア探索についても，個人の満足度や進路選択自己効力，内発的な動機づけとの正の関連や（Blustein, 1989；安達，2010），未来への希望といったポジティブな変数との有意な正の相関が報告されている（Hirschi et al., 2015）。

一方，藤井（1999）は職業の選択決定に内在する要因の一つとして就職不安を取り上げ，「職業決定および就職活動段階において生じる心配や戸惑い，ならびに内定後における将来に対する否定的な見通しや絶望感」と定義した。そして，就職不安が単に内定後に消滅するような単純なものではなく，その後も自分の選択が正しかったかどうかを思い悩み，夜も眠れなくなるなど，就職不安は内定後も続くことを示唆した。

「私立大学学生生活白書2018」によれば，大学生活で最も多い不安・悩みの1位は「就職や将来の進路」であり，2位以下を大きく引き離していることは前章でも述べた。さらに「就職への不安」の1位は，「就職できるかどうか」（48.7%）であることに変わりはないものの減少傾向にあり，一方，「就職すること自体」（31.5%）は，前々回（24.9%）から大きく増加している（日本私立大学連盟，2018）。このような不安を長期にわたり感じ続けることは，心身や心理的適応への様々な悪影響が考えられ（藤井，1999；石本・逸見・齊藤，2010），ひいては就職先への適応を阻害し，早期離職を余儀なくさせると懸念されている（石本他，2010）。

このように，内定後の感情はその後の適応や早期離職の問題，個人のキャリア形成にも影響が及ぶことが考えられる。しかし，大学のキャリア支援は内定の獲得に比重が置かれており，そのことは内定後の研究の少なさにも表れている。例えば，就職活動をどの程度行ったかということと内定後の不安は関連せず，就職活動や内定先への満足度が不安を抑制する可能性を示したもの（石本他，2010），就職活動中の探索行動と入社前研修が，内定獲得後の就職不安を低減するとした研究などである（矢崎・斎藤，2014）。

4年生は社会移行の直前期であり，社会的・職業的自立に向けて人生のステージが大きく変化する。これまでの「学生」という役割から離れ，学生生活を終えることに対する不安が襲うこともあるだろう。鶴田（2002）は4年生を卒業期とし，卒業という節目を前に自分の課題を整理し，内面的な「もう一つの卒業論文」を書く学生がいるとした。就職活動は内定獲得だけが目的ではなく，児美川（2016）のいう「社会化」「主体化」に向けての離陸のようなものである。巣立った先の社会には予測不能な雨風も待ち受けており，「生き抜く力」としてのレジリエンスが必要となってくる。自分の力で就職活動という大きな壁を乗り越えたという経験が，内定先への積極的な態度を形成するのではないだろうか。本質的なキャリア探索は，内定の獲得によって終わるのではなく，むしろここから始まっているといっていいだろう。

4．本章の目的

藤井（1999）や石本他（2010）が指摘するように，就職先の決定によって不安が消滅するものではなく，社会移行への心理的不適応も懸念される。しかしながら，内定後の大学4年生の感情にどのような探索や就職活動の取り組みが影響しているのかは，未だ解明されてはいない。

ここまでの議論から，大学生のキャリア探索は非常に重要であり，内定後の満足・意欲や不安などの感情にも影響を与えていると考えられる。また，キャリア探索と就職活動中の取り組み，そして就職活動中の取り組みと内定後の満足・意欲や不安も関連があると推測できる。前述の通り，キャリア探索が行われた後に，就職活動の振り返りが起こるとされていることから（浦上，1996b），キャリア探索，就職活動中の取り組み，内定後の満足・意欲と不安の順とし，次のように仮説を想定した。

仮説（1）：キャリア探索が高いほど，自分について考え，環境について調べて理解しているので，内定後の満足・意欲が高く，不安が低い。
仮説（2）：キャリア探索が高いほど，自分について考え，環境について調べて理解しているので，就職活動中の取り組みが活発になる。
仮説（3）：就職活動中の取り組みが活発なほど，内定を獲得したという思いが得られるので，内定後の満足・意欲が高く，不安も低い。

本章の目的は，上記仮説を検証し，キャリア探索と就職活動中の取り組みが，内定後の満足・意欲や不安に影響しているのかを明らかにすることである。

2 方　法

1．調査時期及び手続き

2018年11月～12月にかけて関西圏私立4大学4年次ゼミ担当教員22名に，無記名の調査票（ゼミ人数349名分）を配布し，回収を依頼した。表紙に参加は強制ではなく自由回答であり，何ら不利益は生じないこと，個人特定の心配はなく，本調査以外の目的では使用されないことなどを明記した。なお，本調査は関西大学大学院心理学研究科に設置された研究・倫理委員会の承認を得て，事前に教員から口頭説明を行った上で，承諾を得た者に実施した。

2．調査対象者

教員を通して大学4年生286名（男性136名・女性150名）から調査票を回収した。内，就職活動を行わなかったり，中断したりした学生や，記入漏れのある学生を除外した232名（男性110名・女性122名）を分析対象とした。学部は社会学部，文学部，経営学部，スポーツ健康科学部である。

3．調査内容

性別，就職活動の有無などの他，以下について尋ねた。

3‑1　キャリア探索

本章の調査は大学4年生を対象としているが，キャリア探索は1年生から行われるものである。そのため，Stumpf et al. (1983) を参考に，大学低学年次用に開発された日本語版キャリア探索尺度（安達，2008）を使用した。「自己探索」は「自分の長所や短所について考えてみる」などの6項目とし，「環境探索」は「興味がある仕事に関する情報を集める」などの14項目とした。なお，インターンシップや具体的な就職活動も考慮に入れ，若松（2006）を参考に一部項目を追加した。本尺度は第4章で使用したものと同じであり，全20項目である。入学してから今までを振り返って，「全く行っていない」「あまり行っていない」「少しは行っている」「まぁまぁ行っている」「非常によく行っている」の5件法で回答を得た。

3‑2　就職活動中の取り組み

本章では，輕部他（2015）の就職活動維持尺度32項目を使用した。「就職活動について，ある企業から不採用を受けたときのことを思い出してください。あなたはその後，どのように感じたり，考えたり，行動したりしましたか」と教示し，「全くあてはまらない」「あまりあてはまらない」「どちらともいえない」「ややあてはまる」「とてもよくあてはまる」の5件法で回答を得た。

3‑3　内定後の満足・意欲と不安

内定先の満足度と働く意欲，不安を尋ねた。満足度は「ほとんど満足していない」「あまり満足していない」「やや満足している」「かなり満足している」の4件法，働く意欲は「全くない方だ」「あまりない方だ」「まぁまぁある方だ」「かなりある方だ」の4件法で回答を得た。不安は，松田・永作・新井（2008）の職業選択不安尺度の「職業移行不安」，藤井（1999）の「就職不安」項目から，内定後の不安に関する項目のみを使用した。なお，各尺度の用語を統一するため，一部項目を修正した。内定後の不安12項目については，「全くあてはまらない」「あてはまらない」「どちらともいえない」「ややあてはまる」「とてもよくあてはまる」の5件法で回答を得た。

3 結　果

1．因子分析と各尺度得点

因子分析を行ったものは，主因子法，プロマックス回転を行った。因子数はスクリー基準に準拠しつつ，先行研究の因子数や解釈可能性を考慮して決定した。また，因子負荷量と共通性，累積寄与率，α係数を検討の上，不十分な項目を削除し，因子分析を反復した。各項目得点の平均を算出し，各尺度得点とした。

1－1　キャリア探索

因子分析の結果，3因子16項目となった。第1因子8項目を「情報収集」（α＝.850），第2因子4項目を「自己理解」（α＝.850），第3因子4項目を「キャリア支援活用」（α＝.664）とした（表6－1）。第3因子のα係数がやや低いが，同じ尺度を使用した第4章は3因子を抽出していること，2因子の場合の累積寄与率は37.70％まで下がること，キャリアセンターやインターンシップ利用を分けて検討する観点から，3因子解を採用した。

1－2　就職活動中の取り組み

輕部他（2015）の尺度は，α＝.73～ .85と十分な信頼性を示し，妥当性を備えているため，先行研究通りの下位尺度とした。第1因子5項目「自分らしい就職態度の確立」（α＝.816），第2因子6項目「模索的行動」（α＝.861），第3因子6項目「目標の明確化」（α＝.842），第4因子6項目「不採用経験の振り返り」（α＝.817），第5因子4項目「他者への自己開示」（α＝.778），第6因子5項目「認知的切り替え」（α＝.775）とした（表6－2）。

1－3　内定後の満足・意欲と不安

内定先の満足度と意欲の各尺度得点を合計して平均点を算出し，ポジティブな活動力を表す「満足・意欲」とした。内定後の不安12項目を因子分析した結果，1因子（α＝.944）10項目となった（表6－3）。因子名は「不安」とした。

表6-1　キャリア探索因子分析結果（主因子法・プロマックス回転）

	第1因子	第2因子	第3因子	共通性
【情報収集】α=.850				
11　興味がある仕事に就くにはどの様に活動すれば良いのか調べる	.777	-.063	-.034	.554
12　興味がある仕事で必要とされる知識や資格について調べる	.690	-.034	.018	.468
10　将来の仕事について友人や先輩，家族などから話を聞く	.677	.065	-.120	.445
19　特定の職務や会社について情報を手に入れる	.640	-.010	-.013	.497
13　社会人から仕事や働くことについて話を聴く	.635	.009	.043	.506
20　興味のある進路の特定の領域について情報を探す	.630	.040	.000	.505
9　興味がある仕事に関する情報を集める	.547	.100	.110	.423
18　興味のある仕事に就いた人を探して，直接話を聴く	.542	-.073	.101	.376
【自己理解】α=.850				
3　自分が嫌いなこと，不得意なことについて考えてみる	-.105	.829	.019	.563
2　自分の好きなこと，得意なことについて考えてみる	.102	.780	-.126	.606
1　自分の長所や短所について考えてみる	-.012	.756	.115	.526
4　自分という人間について考えてみる	.029	.707	.007	.476
【キャリア支援活用】α=.664				
16　キャリアセンターなどに就職のことを相談に行く	-.075	-.003	.678	.316
15　インターンシップに参加する	.078	-.116	.622	.336
14　就職に関する説明会や講演会を聴きに行く	.027	.033	.525	.240
8　仕事や働くことをテーマにしたTV番組を観たり，講演会を聴きに行く	.040	.150	.449	.259
累積寄与率　45.40%		因子間相関		
	1	-	.400	.476
	2	-	-	.128

2．キャリア探索とその他の変数との関連

まず，各下位尺度間の関連を見るため相関係数を算出した（表6-4）。分析にはSpss 25.0を使用した。相関係数を見ると，キャリア探索と「満足・意欲」「不安」の相関係数はかなり小さく，有意ではないことがわかった。キャリア探索は内定後の「満足・意欲」や「不安」と関連しておらず，仮説（1）は支持されなかった。次にキャリア探索と就職活動中の各取り組みの相関係数を確認したところ，取り組みごとに異なっているものの，一定の変数に正の相関があることがわかった。このことから，仮説（2）は一部支持されたと考えられる。最後に就職活動中の取り組みと内定後の「満足・意欲」や「不安」との相関係数を確認したところ，「満足・意欲」には「自分らしい就職態度の確

表6-2　就職活動中の取り組みの各下位尺度項目

【自分らしい就職態度の確立】（5項目）
1　本来の自分という人間を伝えることに専念した
2　自然体の自分で臨もうと決めた
3　自分をとり繕わずに臨もうと決めた
4　ありのままの自分を表現するやり方を熟考した
5　ありのままの自分を評価してくれた企業に就職しようと決めた

【不採用経験の振り返り】（6項目）
18　次の採用試験に向けて，前回悪かったところを改善した
19　自分がその企業からどのように映っていたのかを振り返った
20　その試験でなぜ不採用になったのかを省みた
21　その試験の時の自分の言動が悪かったと分析した
22　企業に入って自分が何をしたいのかを，自分の言葉で説明できるようにした
23　エントリーシートの書き方や面接での話し方について，いろいろと試行錯誤した

【模索的行動】（6項目）
6　とにかくたくさんの企業を受けていった
7　深く考えずにとにかく活動量を増やした
8　あまり考えずに，とにかく次の予定を入れていった
9　とにかく予定をこなしていった
10　いろいろな企業を見ていった
11　とにかく選択肢を広げていこうとした

【他者への自己開示】（4項目）
24　誰かに泣き言を言った
25　誰かに愚痴を言った
26　誰かと，とりとめのない話をした
27　同じ境遇の仲間と話した

【目標の明確化】（6項目）
12　自分のやりたいことがはっきりした
13　自分の進むべき方向性が見つかった
14　就職してからの現実的な将来を想像した
15　自分が将来やりたいことについて，改めて思いを巡らせた
16　就職活動における自分のポリシーが固まった
17　自分のやりたいことと仕事とのマッチングについて，熟考した

【認知的切り替え】（5項目）
28　終わったことは仕方がないと考え，気持ちを新たにした
29　気を取り直して次に向かおうとした
30　その企業とは縁がなかったととらえた
31　いつかは内定をもらえると前向きにとらえた
32　悔やんでいる暇はないと思った

表6-3　内定後の不安因子分析結果（主因子法・プロマックス回転）

	第1因子	共通性
【不安】α=.944		
2　社会に出て人並みに働いていけるかどうか不安である	.865	.835
3　社会人として自立できるかどうか不安である	.864	.800
1　社会人として自分がちゃんとやっていけるかどうか不安である	.849	.770
4　社会に出ていくことが不安である	.845	.729
11　就職する会社にうまく適応できるかどうか心配である	.833	.757
12　自分の能力で会社の業績に果たして貢献できるのかと疑問に思うことがある	.772	.610
5　自分は会社で働くことに向いていないのではないかと不安である	.742	.687
6　自分が働いているイメージがつかず不安である	.729	.658
10　会社の上司とうまくいかなくなったらどうしようと思うことがある	.716	.751
9　会社の人間関係が不安である	.703	.713

累積寄与率　63.08%

立」「目標の明確化」「認知的切り替えが」が正の相関を示し，「不安」には「模索的行動」「他者への自己開示」が正の相関，「自分らしい就職態度の確立」「認知的切り替え」が負の相関を示した。また，「満足・意欲」と「不安」も負の相関があった。このことから，仮説（3）は一部支持されたと考えられる。

先行研究には，女子学生は男子学生よりも，必ず就職しなければならない圧力が弱く，個人の就職への意識や感情が反映されやすいとしたものがある（浦上，1996a；藤井，1999）。そのため t 検定により各下位尺度得点について男女差を検定したところ，「他者への自己開示」（t=4.42，df=230，p<.001），「不安」（t=2.75，df=200，p<.01）であり，女性が男性より有意に得点が高かった。不採用経験後は女性の方が「他者への自己開示」が高く，内定後の「不安」も高いことを示している。結果を平均値，標準偏差と合わせて表6-5に示す。

3．パス解析によるモデルの作成

仮説（1）の予想に反して，キャリア探索は内定後の「満足・意欲」や「不安」との相関はなく，直接の影響がないことが示唆された。しかし，仮説（2），仮説（3）は一部支持されていることから，キャリア探索がどのような就職活動中の取り組みに関連し，どの取り組みが内定後に影響しているのかを検討することにした。仮説に従い，キャリア探索，就職活動中の取り組み，内定後の「満足・意欲」と「不安」の順で，下位尺度全ての観測変数にパスを引

表6－4　変数間の相関係数

	情報収集	自己理解	キャリア支援活用	自分らしい就職態度の確立	模索的行動	目標の明確化	不採用経験の振り返り	他者への自己開示	認知的切り替え	満足意欲	不安
【キャリア探索】											
情報収集											
自己理解	.349***										
キャリア支援活用	.397***	.124									
【就職活動中の取り組み】											
自分らしい就職態度の確立	.184**	.265***	－.081								
模索的行動	.045	.032	.285***	－.120							
目標の明確化	.340***	.366***	.106		.524***	－.099					
不採用経験の振り返り	.246***	.215***	.266***	.029	.275***	.257***					
他者への自己開示	.093	.163*	.240***	.015		.365***	.114	.283***			
認知的切り替え	.148*	.111	.037	.157*	.053	.099	.067	－.030			
【内定後】											
満足・意欲	.044	－.014	.002	.149*	－.056	.329***	.080	－.092	.145*		
不安	－.008	.015	.118	－.155*	.272***	－.087	.092	.318	－.187**	－.269***	

$^{*}p<.05$, $^{**}p<.01$, $^{***}p<.001$

表6－5　各指標の平均値と標準偏差および t 検定の結果

		男性（N=110）		女性（N=122）			
		M	SD	M	SD	t 値	df
キャリア探索	情報収集	3.52	0.79	3.41	0.75	1.03	230
	自己理解	3.95	0.78	3.78	0.82	1.68	230
	キャリア支援活用	2.77	0.98	2.84	0.82	0.58	212
就職活動中の取り組み	自分らしい就職態度の確立	3.80	0.91	3.90	0.71	0.90	206
	模索的行動	2.78	1.02	2.88	0.92	0.71	230
	目標の明確化	3.74	0.77	3.74	0.77	0.03	230
	不採用経験の振り返り	3.61	0.85	3.68	0.81	0.65	230
	他者への自己開示	3.10	1.07	3.70	1.01	4.42***	230
	認知的切替え	4.12	0.78	4.03	0.70	0.94	230
内定後	満足・意欲	3.27	0.60	3.29	0.58	0.24	230
	不安	3.14	1.13	3.51	0.84	2.75**	200

** $p<.01$, *** $p<.001$

いた始発モデルを図6－1に示す。なお，分析には Amos 25.0を使用した。

図6－1のモデルを始発点として，最尤推定法によるパス解析を行った。適合度指標は $\chi^2=326.058$, $df=66$, $p<.001$, GFI = .891, AGFI = .673, CFI = .670, RMSEA = .092, AIC = 590.058であり，適合度は低かった。そこから有意ではないパスを削除し，修正指数に従ってパスを加えながら探索的にモデルの適合度を調べた。その結果，理論的に妥当であり，許容可能な適合度を示したモデルの適合度指標は $\chi^2=149.051$, $df=99$, $p<.001$, GFI = .947, AGFI = .894, CFI = .937, RMSEA = .033, AIC = 347.051であった。

t 検定の結果と先行研究の知見から，男女別に多母集団の同時分析を行った（図6－2）。パラメータ間の差の検定を行ったところ，「他者への自己開示」から「不安」へのパス係数が有意に異なっていた（$p<.001$）。

4．男性・女性の双方に見られた影響

「自己理解」から不採用経験後の「自分らしい就職態度の確立」（男性 $\beta=.28$, $p<.01$, 女性 $\beta=.23$, $p<.01$），さらに「目標の明確化」へ有意な正のパスがあり（男性 $\beta=.46$, $p<.001$, 女性 $\beta=.42$, $p<.001$），その後「満足・意欲」に有意な正のパスが示され（男性 $\beta=.26$, $p<.01$, 女性 $\beta=.38$, $p<.001$），「満足・意欲」から

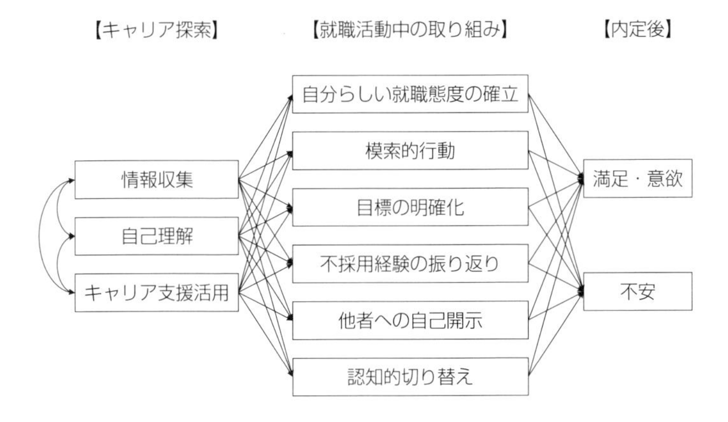

図6－1　始発点となる仮説モデル

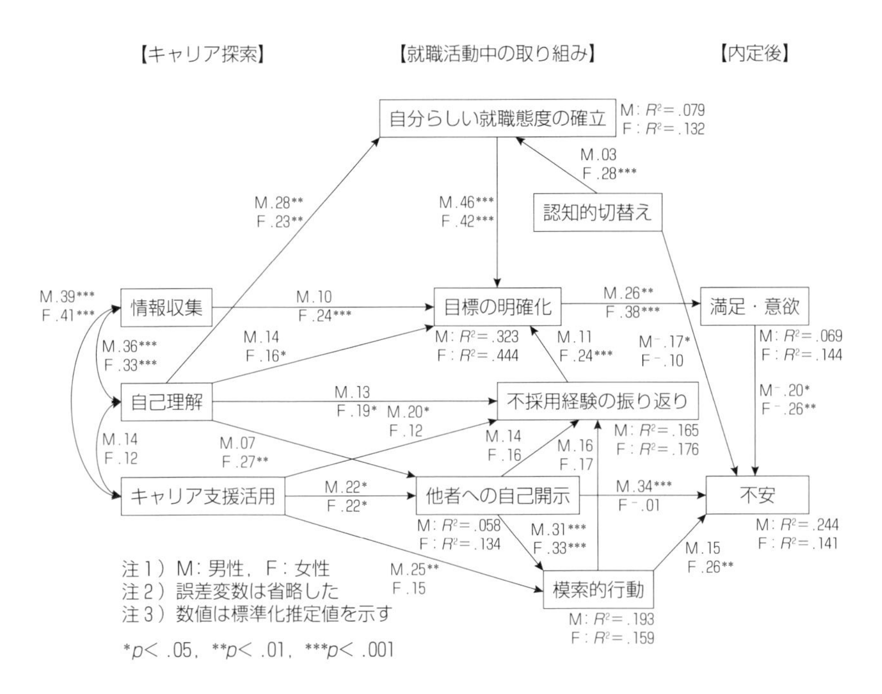

図6－2　男女別多母集団の同時分析の結果

「不安」に有意な負のパスが示された（男性 $\beta = -.20$，$p < .05$，女性 $\beta = -.26$，$p < .01$）。これらは，「自己理解」が「自分らしい就職態度の確立」に向かって「目標の明確化」へとつながり，内定後の「満足・意欲」を得ることで「不安」を低減させていると考えられる。また，キャリア探索の「キャリア支援活用」が不採用経験後の「他者への自己開示」に有意な正のパスを示し（男性 $\beta = .22$，$p < .05$，女性 $\beta = .22$，$p < .05$），「模索的行動」に有意な正のパスを示した（男性 $\beta = .31$，$p < .001$，女性 $\beta = .33$，$p < .001$）。これらは，キャリアセンターの利用やインターンシップなどへの参加が，「他者への自己開示」につながり，とにかくたくさんの企業を受けていくという「模索的行動」につながったと考えられる。また，「自己理解」と「情報収集」（男性 $\beta = .36$，$p < .001$，女性 $\beta = .33$，$p < .001$），「情報収集」と「キャリア支援活用」（男性 $\beta = .39$，$p < .001$，女性 $\beta = .41$，$p < .001$）の間には有意な正のパスが示されたが，「自己理解」と「キャリア支援活用」の間のパスは有意ではなかった（男性 $\beta = .14$，*n. s.*，女性 $\beta = .12$，*n. s.*）。

5．男性にのみ示された影響

男性は，キャリア探索の「キャリア支援活用」から不採用経験後の「模索的行動」に直接の有意な正のパスがあった（$\beta = .25$，$p < .01$）。また，不採用経験後の「他者への自己開示」から「不安」への有意な正のパスが示された（$\beta = .34$，$p < .001$）。男性はキャリア支援を活用し，とにかくたくさんの企業を受けていく「模索的行動」を起こす一方，愚痴や弱音を吐きだす「他者への自己開示」は「不安」につながっていた。また，「キャリア支援活用」から「不採用経験の振り返り」に有意な正のパスが示され（$\beta = .20$，$p < .05$），「認知的切り替え」から「不安」に有意な負のパスが示された（$\beta = -.17$，$p < .05$）。男性はキャリア支援の活用が不採用の経験を振り返らせ，認知を切り換えることで，「不安」を低めていた。

6．女性にのみ示された影響

女性はキャリア探索の「情報取集」「自己理解」が直接，「目標の明確化」に有意な正のパスを示していた（$\beta = .24$，$p < .001$，$\beta = .16$，$p < .05$）。また，「自己理解」が「不採用経験の振り返り」「他者への自己開示」にも有意な正のパスを示し（$\beta = .19$，$p < .05$，$\beta = .27$，$p < .01$），「認知的切替え」は「自分らしい就職態

度の確立」に有意な正のパスを示した（$\beta=.28$, $p<.001$）。キャリア探索の「情報収集」「自己理解」については，女性の方が男性より，就職活動中の取り組みを活発化させていた。一方，「模索的行動」は「不安」に正のパスを示し（$\beta=.26$, $p<.01$），とにかくたくさんの企業を受けていくことが，「不安」につながる結果となった。

4 考　察

本章は，仮説（1）～（3）を検証することで，キャリア探索と就職活動中の取り組みが，内定後の「満足・意欲」や「不安」に影響しているのかを明らかにすることであった。

1．仮説（1）に対する考察

仮説（1）は支持されず，キャリア探索は内定後の「満足・意欲」や不安に直接影響していなかった。一方，浦上（1996b）の結果では，「自己と職業の理解・統合」が高いほど「成長力」（項目例：自分はどのような能力がすぐれているか，よく考えるようになった）を直接高めており，そこに「内定の有無」は関連していなかった。

このような違いの一つ目には，本章の従属変数が自分ではなく，内定に対する感情であったことがあげられる。

二つ目は，本章の調査を実施した2018年と1996年の時代間格差もあるだろう。「2018年卒マイナビ大学生就職意識調査」（マイナビ，2017）では，学生の意識が大きく変化していることがうかがえる。同じ項目を使用した毎日コミュニケーションズ（2000）の報告と比較すると，2000年度は会社選択のポイントとして，「自分のやりたい職種ができる」が45.9%，「自分の能力・専門性を生かせる」が15.7%であったが，2018年はそれぞれ38.1%，7.1%に減少している。一方，2000年は，「安定している」が19.8%，「給料の良い」が7.5%であったが，2018年はそれぞれ30.7%，15.1%と大きく上昇した。これらの調査結果から，大学生は自分の希望より，生活する上での安心感を求める傾向に変化しているといえるだろう。日本学生支援機構（2018）の「学生生活調査」によれば，短大を除く2018年の大学（昼間部）の奨学金受給率は47.5%であり，約半数の学生が受給している。しかし，1996年は21.2%であることから（日本学生支援機構，2014），大学進学率の上昇とともに倍増している。苦労して大学に進学しても，内定を獲得できなければ，何百万もある奨学金の返済もままならない。リーマンショックを経験し，不況や災害などに苦しむ親世代を見てきたことが，予測不能な厳しい社会を想像させてしまうのではないだろうか。内定の獲得は就職活動の取り組みの結果であることから，その影響力が増しているのかもしれない。

三つ目に，キャリア探索の特徴がキャリアを構築していく基礎の部分であることが考えられだろう。キャリア・コンサルティングではクライアントに対し，そのニーズや必要性により，①自己理解，②職業理解，③啓発的経験，④カウンセリング，⑤方策の実行，⑥追指導・職場適応といった6分野の支援を行う（木村，2013）。①自己理解，②職業理解はキャリア探索に該当することから，大学生の場合，キャリア探索を「基礎」として就職活動を乗り越える経験が，より重要になってくると考えられる。

2．仮説（2）に対する考察

キャリア探索が就職活動中の取り組みの一部に関連し，仮説（2）が一部支持されたことにより，キャリア探索の重要性は明らかになった。キャリア探索は自らのキャリアを構築していく基礎部分であり，その後の行動を支えるレディネスとしての機能を持っていると考えられる。しかし，仮説（1）が支持されなかったことをふまえると，レディネスが次の必要な行動につながるとは限らず，内定という結果や，「満足・意欲」などの感情にまでは及ばなかったと考えられる。

茶道などの芸術には，熟達のプロセスとして知られる「守破離」という言葉がある。「守」は，師匠の教えや決められた型を守って習得すること，「破」は守で身につけた型の壁を破り，発展させること，「離」は既存の枠組みから離れ，技を自在にできるようになるのだという（齊藤，2020）。キャリア探索はその「守」の基礎部分にあたり，自分なりの工夫を必要とする「破」の発展部分，そして自分の個性を確立していく「離」の構築部分へとつながっていくのだろう。

3．仮説（3）に対する考察

仮説（3）の一部支持については，男女とも不採用経験後の「自分らしい就職態度の確立」から「目標の明確化」につながっていた。これらが内定先への「満足・意欲」につながることで，結果的に不安を低減させたと考えられる。「自分らしい就職態度の確立」を完成させた「自己理解」が自分本位なものであった場合，その弊害も指摘されている（川﨑，2005b；児美川，2016）。しかし，不採用経験後に「自分らしさ」を探求し，「自分らしい就職態度の確立」に至った上での「目標の明確化」であるならば，「満足・意欲」につながっているのも不思議ではないだろう。不採用経験というつらい体験を乗り越え，就職活動の取り組みを継続することで，キャリア探索が内定先への積極的な態度を形成するレディネスとなったことが考えられる。

4．男性・女性別の考察

女性が男性よりも，キャリア探索の「情報収集」「自己理解」を就職活動の取り組みにつなげていた。安達（2008）は，進路選択自己効力が高い女子学生は低い学生より，「環境探索」を行っていることなどを報告しており，性別で異なる可能性が示唆された。

また，パラメータ間の差の検定により，女性は不採用経験後の「他者への自己開示」が「不安」に影響を及ぼしていなかったが，男性は「他者への自己開示」が「不安」を高めていることが示唆された。男性は女性より，愚痴をこぼすことや弱音を吐くことに抵抗感があるのかもしれない。男らしさへの呪縛がネガティブに影響し，挫折した自分をより意識してしまった可能性もあるだろう。女性の「模索的行動」は「不安」とつながっており，とにかくたくさんの企業を受けることは，「不安」を高める可能性が示唆された。これといった目標がないまま，やみくもに採用試験を受けることが，「不安」を高めてしまった可能性が考えられる。

前述したように，キャリア支援を活用することで視野が広がり，多くの企業に目を向けることは一つのメリットである。他者の存在が支えとなり，「模索的行動」を起こす原動力となったのだろう。しかし，最終的な「満足・意欲」には男女ともつながっていなかった。「キャリア支援活用」を最終的な「満足・意欲」へとつなぐには，自分がどうしたいのかを明確にし，そこに向かうための行動を継続しなければならない。そのためにはレディネスとなるキャリア探索を促進し，向かうべき次のプロセスへつなげる必要があるだろう。

5　今後の課題

今後の課題として，以下の3点があげられる。

第一に，本章の調査は就職活動を終えた4年生を対象としたものであり，キャリア探索についての回答は回想によるものである。今後はキャリア探索を行っている最中の1～3年生を対象に再調査を実施し，本章で示したモデルが再現できるかどうかを検討する必要があろう。

第二に，本章の調査は関西圏の3大学のみを対象としているが，今後はより大きな規模の調査を実施する必要があるだろう。

第三に，キャリア探索の促進要因やその影響などについて，より明らかにしていく必要がある。そうすることで，キャリア教育やキャリア支援への有効な手がかりを得られるだろう。

第7章

探索行動とレジリエンスがキャリア意識に及ぼす影響
——短大生と大学1～2年生の比較調査から——

1 研究目的

第6章では，キャリア探索が，内定後の「満足・意欲」や「不安」に直接影響していないことが明らかになった。男女別の多母集団同時分析により，キャリア探索は「自分らしい就職態度の確立」に正のパスが示され，「目標の明確化」を通して「満足・意欲」につながることで，内定後の「不安」を低減していた。また，男性と女性では，内定後の不安への影響が異なることも示唆された。キャリア探索の特徴は，自らのキャリアを構築していく基礎部分であり，就職活動という壁をどう乗り越えるかという経験が，より重要であることが明らかになった。

これまでの章は大学生のみを対象としていたが，本章は短大生にも焦点をあてる。短大生は就学年数が短い分，入学早々，進路や就職を意識せざるを得ない。そのため，大学1～2年生より，キャリア探索の促進やレジリエンスが必要となる可能性がある。

本書は，学生のキャリア発達にキャリア探索とレジリエンスが手がかりになると考えている。キャリア発達を促進させるためには，キャリア意識がどの程度発達していたのかが重要だろう。そこで本章では，学生生活を通したキャリア意識の達成度に，キャリア探索とレジリエンスがどう影響しているのかを調査した。学生生活での活動も検討に入れるため，本章では学生生活における探索という視点を組み入れた。

1．短期大学の特徴と現状

本章では短期大学が初めて登場する。そのため，短期大学に関する文部科学省（2020）の記述を整理し，その特徴と現状を紹介したい。

短期大学は学校教育法において4年制大学と目的や修業年限を異にする大学と位置づけられている。1950（昭和25）年の制度創設以来，特に女性の高等教育の普及や実践的職業教育の場としてその役割を果たしてきた。2019年の学校数は公立17校，私立311校であり，学生数は公立5557人，私立10万3543人である。短期大学の個性・特色は，「地域の身近な高等教育機関」であり，短期間で大学としての教養教育，専門教育を提供していることがあげられる。

短期大学への進学者に関する指標の一つとして，自県内進学率がある。4年制大学と比較しても一貫して短期大学の進学率が高く，2019年の自県内進学率は4年生大学の43.0％に対して，短期大学は67.6％となった。このように，短期大学は地域における高等教育の機会の確保に，重要な役割を果たしている。

現在，短期大学では様々な分野の教育が行われている。中でも，幼稚園教諭や保育士，栄養士や介護福祉士など，地域の専門的職業人の養成といった面で重要な役割がある。卒業後には4年制大学への編入学などの道も開かれ，2019年の短期大学から4年生大学への編入学者数は3621人（高等専門学校卒業者等も含めた全体では7351人）となっている。

2．学生生活の探索

学業と他者との交流は，学生生活にとって大きな比重を占める。大学1年生に「大学生活で目標としたいこと」を記述させた先行研究では，「勉学」（授業・勉強・単位）が29.4％，「将来」（英語・資格・将来）が17.2％，「活動」（サークル・アルバイト・部活）が16.9％，「友人」（友達・友人），「自分」11.0％，「生活」10.7％という結果であった（梅崎・田澤，2013）。第6章で示した大学生活での不安に関する調査（日本私立大学連盟，2018）でも，「就職や進路の不安」に次ぎ，「授業などの学業」「友人などとの対人関係」が2位，3位と続く結果となった。大学生に対するキャリア研究も，学業を中心にしたものが多く，従来の大学生不適応論は，大学生学業論といいかえられるとした指摘もある（溝上，2001）。

一方，学業だけを大学生活の中心に置かない研究もある。例えば梅崎・田澤（2013）は，高校生の進路・就業意識の調査において，「他者」の存在の重要性を指摘している。そして，「同質な他者」よりも「異質な他者」との深い交流が，将来の意識，特に就業意識を高めることを示唆した。湯口（2020）は大学生の友人交流において，距離が近いだけの学内交流はキャリア意識の「ビジョン」には影響せず，「アクション」と「ビジョン」の両方を高めるのは，学外での拡大交流だと述べている。溝上（2009）は，学業・クラブ・サークルをバランスよくがんばっている大学生が，もっとも将来設計が高いとし，高校生の課外活動への参加が職業探索を促すことも示唆された（Denault et al., 2019）。

これらのことから本章では，将来についての探索であるキャリア探索の他，学生生活探索という概念（他者との交流を拡大し，学業についての情報を求める行動）を加えることにした。ここでは二つの探索を総合して呼ぶ場合，探索行動（キャリア探索・学生生活探索）とする。

3．キャリア意識の発達

先にも述べた通り，学生生活の中でキャリア探索とレジリエンスを手がかりにして，キャリア発達を促進させるためには，キャリア意識が発達していることが重要である。キャリア意識の発達に関しては，効果測定テスト「キャリア・アクション・ビジョン・テスト」（CAVT）が開発されている（下村・八幡・梅崎・田澤，2009）。キャリア意識（CAVT）は，キャリア教育などの効果測定や学生生活の意味づけなどの研究に多数使用され，現在の意欲や達成度も測ることができる。例えば，学生生活の意味深さと職業観，キャリア意識との関連を調査したもの（古田，2018），初年次キャリア教育が新入生の大学生活の適応感に及ぼす効果を調査したもの（神原・山本・湯口・三保，2019），大学生活のライフスタイルがキャリア意識に及ぼす影響を調査したもの（湯口，2020）などである。

キャリア意識（CAVT）は，「アクション」（将来に向けての積極的な行動）と，「ビジョン」（やりたいことなどをどのくらい明確にして準備をしているか）の二つの下位尺度で構成される（下村他，2009）。社会移行という観点から見ても，両得点が共に高い者は就職活動の活動量が多く，内定先に満足しており（田澤・梅崎，2012），初期キャリアにも概ね良い影響を与えていることも明らかになっている（梅崎・田澤，2013）。

4．本章の目的

本章の目的は2点である。第一に，キャリア意識（アクション・ビジョン）の発達に，探索行動とレジリエンスが，どの程度影響しているのかを明らかにする。そうすることで，キャリア意識の発達に影響している要因を検討できると考えられる。

第二に，短大生と大学１～２年生を比較し，その共通点と違いを検討する。修業年限の違いは当然，教育方針や内容にも反映される。短大生と大学１～２年生を比較し，その違いを明らかにすることで，短大生と大学１～２年生のキャリア支援の検討に役立てることができるだろう。

2 方　法

1．調査時期及び手続き

2019年６月～７月にかけて，関西圏私立４大学と，短期大学部を含む三つの短期大学の教員７名（著者を含む）に無記名調査票を配布し，回収を依頼した。参加は強制ではなく自由回答であり，何ら不利益は生じないこと，個人が特定される心配はなく，本調査以外の目的では使用されないことなどを，調査票に明記した。

なお，本調査は関西大学大学院心理学研究科に設置された研究・倫理委員会の承認を得て，事前に教員から口頭説明を行い，承諾を得た者に対して実施した。

2．調査対象者

短期大学１～２年生136名（男性26名・女性105名・その他[1]５名，１年生45名・２年生91名），大学１～２年生354名（男性243名・女性110名・その他１名，１年生177名・２年生177名）から調査票を回収し，分析対象とした。学部は，短期大学が保育，社会福祉，商経学部，大学は経営，経済，国際文化，社会，理工学部であった。

3．調査内容

属性として，学部・学科，学年，性別などの他，以下について尋ねた。短大生には，就職か進学（編入）などの進路希望について尋ねた。

3－1　キャリア探索

Stumpf et al.（1983）を参考に，安達が開発したキャリア探索に関する日本語版尺度（安達，2008）を使用した。「自己探索」は「自分の長所や短所について考えてみる」などの6項目とし，「環境探索」は「興味がある仕事に関する情報を集める」などの14項目とした。なお，本調査では編入や就職活動の時期が近い短大生を扱うことから，安達（2008）の他，第4章，第6章と同様，若松（2006）を参考に一部項目を追加した。入学してから今までを振り返って，「全く行っていない」「あまり行っていない」「少しは行っている」「まぁまぁ行っている」「非常によく行っている」の5件法で回答を得た。

3－2　学生生活探索

学業と他者との交流について，質問項目を作成した。他者との交流は「異質な他者」の存在や「学外への拡大交流」を意識し，湯口（2016）を参考に項目を追加，修正して使用した。「他大学や他学部の学生と交流する」「興味のある学問領域の教員に直接話を聴く」などの12項目について，入学してから今までを振り返って，「全く行っていない」「あまり行っていない」「少しは行っている」「まぁまぁ行っている」「非常によく行っている」の5件法で回答を得た。

3－3　レジリエンス

高橋他（2015）の成人版ライフキャリア・レジリエンス尺度（短縮版）5因子20項目を使用した。各因子の具体的な概念と項目は，以下である。

「長期的展望」長期的視野を持ち，今できることを積極的に行う姿勢
「継続的対処」先の見通しを立てながら，継続的に対応しようとする姿勢
「多面的生活」仕事以外の趣味や活動にも積極的に取り組む姿勢
「楽観的思考」将来に肯定的な希望を抱く姿勢
「現実受容」現実的な思考のもと，積極的に事実を受け入れていく姿勢

質問項目は，「すぐに成果が出なくても，今できることをやることが大事だと思う」「常に新しいチャンスを見逃さないように準備している」などの20項目について，「全くあてはまらない」「あてはまらない」「どちらかといえばあてはまらない」「どちらかといえばあてはまる」「あてはまる」「非常によくあ

てはまる」の6件法で回答を得た。

3-4　キャリア意識（CAVT）

学生生活でのキャリア意識の発達に関する達成度を図るため，下村他（2009）のキャリア意識（CAVT）を使用した。CAVT は，大学生が日常生活でどのようなことを目標としているのかを丁寧に調査し，大学卒業後も2年間のフォローをしている。高校生への調査も実施されており，学生が自分のキャリア意識の発達を知る質問項目として幅広く使用可能であり，汎用性の高い尺度である。

これらのことから本調査ではCAVT を使用し，キャリア意識（アクション・ビジョン）の達成度を測ることにした。「学外の様々な活動に熱心に取り組む」（アクション），「将来のビジョンを明確にする」（ビジョン）などの12項目について，どの程度達成できていると思うかを，「できていない」「あまりできていない」「どちらともいえない」「ややできている」「かなりできている」の5件法で回答を得た。

3 結　果

1．因子分析と各尺度得点

キャリア探索，学生生活探索は主因子法により因子を抽出し，プロマックス回転を行った。因子数はスクリー基準に準拠しつつ，先行研究の因子数や解釈可能性を考慮して決定した。また，因子負荷量と共通性，累積寄与率，α 係数を検討の上，不十分な項目を削除し，因子分析を反復した。各項目得点の平均を算出し，各尺度得点とした。

1-1　キャリア探索

3因子16項目が抽出された（表7-1）。第1因子6項目を「情報収集」（$\alpha = .883$），第2因子5項目を「自己理解」（$\alpha = .839$），第3因子5項目を「キャリア支援活用」（$\alpha = .774$）とした。

表7－1　キャリア探索因子分析結果（主因子法・プロマックス回転）

	第1因子	第2因子	第3因子	共通性
【情報収集】α＝.883				
9　興味がある仕事に関する情報を集める	.898	－.040	－.096	.635
11　興味がある仕事に就くにはどの様に活動すれば良いのか調べる	.888	.001	－.067	.692
12　興味がある仕事で必要とされる知識や資格について調べる	.869	－.014	－.080	.649
20　興味のある進路の特定の領域について情報を探す	.666	.021	.131	.596
19　特定の職務や会社について情報を手に入れる	.543	－.039	.327	.613
7　本や雑誌，インターネットなどで仕事や働くことに関する記事を読む	.460	.091	.076	.330
【自己理解】α＝.839				
1　自分の長所や短所について考えてみる	－.086	.813	.067	.533
3　自分が嫌いなこと，不得意なことについて考えてみる	.084	.743	－.094	.539
2　自分の好きなこと，得意なことについて考えてみる	.164	.711	－.146	.552
4　自分という人間について考えてみる	－.055	.700	.082	.470
5　これまでの自分の生き方について振り返ってみる	－.076	.595	.131	.383
【キャリア支援活用】α＝.774				
16　キャリアセンターなどに就職のことを相談に行く	－.073	－.024	.823	.529
14　就職に関する説明会や講演会を聴きに行く	.015	－.020	.723	.462
18　興味のある仕事に就いた人を探して，直接話を聴く	.222	－.052	.621	.555
15　インターンシップに参加する	－.109	.061	.522	.244
13　社会人から仕事や働くことについて話を聴く	.142	.145	.438	.339
累積寄与率　52.93%		因子間相関		
	1	－	.364	.562
	2	－	－	.146

1－2　学生生活探索

2因子10項目が抽出された（表7－2）。第1因子6項目を「学業」（α＝.872），第2因子4項目を「異質交流」（α＝.725）と命名した。

1－3　レジリエンス

成人版ライフキャリア・レジリエンス尺度（短縮版）のα係数は.84から.94であり（高橋他，2015），信頼性が確認されていることから，高橋他（2015）の先行研究通り，5因子構造とした。

第1因子4項目を「長期的展望」（α＝.863）（すぐに成果が出なくても，今できることをやることが大事だと思う，ものごとは長い目で見て考えることが大事だと思う），第2因子4項目「継続的対処」（α＝.823）（常に新しいチャンスを見逃さないように準備し

表7-2　学生生活探索因子分析結果（主因子法・プロマックス回転）

	第1因子	第2因子	共通性
【学業】α = .872			
27　興味のある学問領域の教員に直接話を聴く	.799	-.005	.583
31　履修している学問の担当教員に質問や相談に行く	.761	-.042	.522
28　興味のある学問について情報を集める	.733	.017	.507
32　興味のある学問テーマの研究を深める	.721	.000	.464
29　学問をテーマにした講演会を聴きに行く	.711	.054	.487
30　本や雑誌，インターネットなどで学問に関する記事を読む	.636	.030	.420
【異質交流】α = .725			
22　初対面の人と交流する	-.055	.828	.433
21　他大学や他学部の学生と交流する	.061	.739	.386
23　外国人（留学生を含む）と交流する	.137	.474	.273
26　世代の異なる人と交流する	-.101	.466	.225
累積寄与率　49.47%		因子間相関	
	1	-	.422

ている，経験したことがないような出来事が起きても落ち着いて行動できる)，第3因子4項目を「多面的生活」(α = .923)（人生では，仕事以外に楽しめるような趣味を持ちたいと思う，人生では，仕事以外の活動でも満足感を得たいと思う)，第4因子4項目を「楽観的思考」(α = .818)（将来について楽観的である，物事が思ったように進まない場合でも，きっと何とかなると思う)，第5因子4項目を「現実受容」(α = .762)（必要に応じて，目標のレベルを下げることができる，現実に合った目標を立てることができる）とした。

1-4　キャリア意識（CAVT）

下村他（2009）のキャリア意識（CAVT）のα係数は.83から.92であり，信頼性が確認されていることから，下村他（2009）の先行研究通り2因子構造とした。第1因子6項目を「アクション」(α = .792)，第2因子5項目「ビジョン」(α = .861）とした。項目を表7-3に示す。

2．男女差の検討

男女別の検討を行うために，探索行動（キャリア探索・学生生活探索），レジリエンス，キャリア意識（CAVT）の各下位尺度得点について，t検定を行った（表7-4）。

表7-3　キャリア意識（CAVT）の各下位尺度項目

【アクション】	【ビジョン】
2　学外の様々な活動に熱心に取り組む	1　将来のビジョンを明確にする
4　尊敬する人に会える場に積極的に参加する	3　将来，具体的に何をやりたいかを見つける
6　人生に役立つスキルを身につける	5　将来の夢をはっきりさせ，目標を立てる
8　様々な人に出会い人脈を広げる	7　将来に備えて準備する
10　何事にも積極的に取り組む	9　将来のことを調べて考える
12　様々な視点から物事を見られる人間になる	11　自分が本当にやりたいことを見つける

その結果，短大生の「キャリア支援活用」（t=-3.08，df=126，p<.01）と大学1～2年生の「自己理解」（t=-2.10，df=347，p<.05）「異質交流」（t=-2.57，df=348，p<.05）の得点については，女性の方が男性よりも有意に得点が高かった。有意差はごく一部でしか見られなかったことから，本調査では，男女を統合したデータを用いた。

3．各変数における短大生と大学1～2年生の比較

男女を統合したデータにより，短大生と大学1～2年生の比較を行うため，探索行動（キャリア探索・学生生活探索），レジリエンス，キャリア意識（CAVT）の各下位尺度得点について，t検定を行った（表7-5）。

キャリア探索の「情報収集」（t=2.98，df=487，p<.01）「キャリア支援活用」（t=5.25，df=216，p<.001）は，短大生の方が大学1～2年生よりも有意に得点が高かった。一方，「自己理解」は短大生と大学1～2年生に有意差は見られなかった。短大生の方が大学1～2年生より活発に情報収集し，キャリア支援を活用していたことが明らかになった。就職活動を直近に控えている短大生の方が，活発に「環境探索」を行っているという結果は，ごく自然な結果であろう。

学生生活探索の「学業」（t=3.30，df=479，p<.001）は，短大生の方が大学1～2年生よりも有意に得点が高く，「異質交流」（t=-2.83，df=486，p<.01）は，大学1～2年生の方が短大生よりも有意に得点が高かった。短大生の方が良く勉強しているが，異質な他者との交流は大学1～2年生の方が活発ということである。短大生は短い期間で単位を取らなければ卒業することができない。また，編入試験の受験資格にも一定の単位取得が求められるため，学業を頑張っているということだろう。一方，他者との交流に関しては，時間の余裕がある大学

表7-4　各指標の男女平均値と標準偏差および t 検定（男女間）の結果

		男性（短大生）		女性（短大生）			男性（大学1～2年生）		女性（大学1～2年生）		
		M	SD	M	SD	t 値	M	SD	M	SD	t 値
キャリア探索	情報収集	2.37	0.79	2.43	0.66	-0.46	2.23	0.75	2.12	0.74	1.25
	自己理解	3.55	0.94	3.45	0.73	0.63	3.47	0.78	3.65	0.75	-2.10*
	キャリア支援活用	1.88	0.75	2.46	0.85	-3.08**	1.88	0.75	1.98	0.82	-1.06
学生生活探索	学業	2.42	1.04	2.26	0.81	0.85	2.06	0.84	1.91	0.83	1.52
	異質交流	2.64	0.94	2.54	0.91	0.53	2.75	0.97	3.03	0.87	-2.57*
レジリエンス	長期的展望	4.58	1.05	4.58	0.98	-0.01	4.77	0.85	4.83	0.73	-0.63
	継続的対処	3.76	1.00	3.41	0.89	1.70	3.78	0.98	3.75	0.84	0.21
	多面的生活	5.06	1.19	5.13	1.03	-0.30	5.33	0.84	5.40	0.82	-0.74
	楽観的思考	3.96	0.97	3.94	1.07	0.07	4.11	1.12	4.28	0.97	-1.34
	現実受容	4.03	1.17	4.00	0.95	0.16	4.04	0.86	4.11	0.75	-0.75
キャリア意識	アクション	3.25	0.84	3.24	0.70	0.07	3.27	0.85	3.30	0.69	-0.28
	ビジョン	3.13	0.84	3.27	0.80	-0.78	3.15	0.97	3.01	0.78	1.45

$^*p<.05$, $^{**}p<.01$

表7-5　各指標の平均値と標準偏差および t 検定（短大・大学1～2年生）の結果

	下位尺度	短大生		大学1～2年生		
		M	SD	M	SD	t 値
キャリア探索	情報収集	2.41	0.68	2.19	0.75	2.98**
	自己理解	3.45	0.78	3.53	0.78	-0.93
	キャリア支援活用	2.36	0.86	1.91	0.77	5.25***
学生生活探索	学業	2.29	0.85	2.01	0.84	3.30***
	異質交流	2.57	0.90	2.84	0.94	-2.83**
レジリエンス	長期的展望	4.56	0.99	4.78	0.81	-2.37*
	継続的対処	3.47	0.92	3.77	0.94	-3.17**
	多面的生活	5.07	1.09	5.35	0.83	-2.72**
	楽観的思考	3.93	1.05	4.16	1.08	-2.10
	現実受容	3.97	1.00	4.06	0.82	-0.91
キャリア意識	アクション	3.24	0.72	3.28	0.80	-0.49
	ビジョン	3.24	0.80	3.10	0.92	1.60

$^*p<.05$, $^{**}p<.01$　$^{***}p<.001$

1～2年生の方が活発に行動していると考えられる。

レジリエンスの「長期的展望」（$t=-2.37$, $df=202$, $p<.05$），「継続的対処」（$t=-3.17$, $df=479$, $p<.01$），「多面的生活」（$t=-2.72$, $df=195$, $p<.01$），「楽観的思考」（$t=-2.10$, $df=483$, $p<.05$）は，大学1～2年生の方が短大生より有意に得点が高かった。「現実受容」には有意差は見られなかった。レジリエンスに関しては，大学1～2年生の方が短大生より高い傾向を示したといえる。短大生は進学や就職に関して，時間的な余裕がない。そのため，余裕のある大学1～2年生の方が高い傾向を示したのかもしれない。キャリア意識（CAVT）は「アクション」「ビジョン」とも，短大生と大学1～2年生の間に有意差は見られなかった。

4．階層的重回帰分析

探索行動とレジリエンスがキャリア意識（CAVT）にどう関連しているかを検討するため，キャリア意識を目的変数とした階層的重回帰分析を行った。Step 1は探索行動（キャリア探索3因子・学生生活探索2因子），Step 2はレジリエンス5因子を独立変数として投入した。VIF は1.21から2.63であり，いずれも10.0を下回っており，不適切な標準偏回帰係数は見られなかった。よって，多重共線性の問題はないと判断された。キャリア意識の「アクション」と「ビジョン」の結果を表7-6，7-7に示す。

4-1　キャリア意識（アクション）との関連

Step 1（短大生：$R^2=.283$, $p=.001$，大学1～2年生：$R^2=.464$, $p=.001$），Step 2（短大生：$R^2=.464$, $p=.001$，大学1～2年生：$R^2=.551$, $p=.001$）ともR^2増分が有意になり，有意な回帰式を得られた。短大生，大学1～2年生の双方に有意に関連したのは，学生生活探索の「異質交流」（短大生：$\beta=.188$, $p<.01$；大学1～2年生：$\beta=.355$, $p<.001$），レジリエンスの「継続的対処」（短大生：$\beta=.308$, $p<.001$；大学1～2年生：$\beta=.256$, $p<.001$）であった。異質な他者との交流を行い，困難に継続的に対処している学生ほど，アクション得点が高かった。

短大生と大学1～2年生の違いでは，大学1～2年生のみ「アクション」に有意に関連していた項目があった。キャリア探索の「自己理解」（大学生1～2年生：$\beta=.180$, $p<.001$）とレジリエンスの「長期的展望」（大学生1～2年生：

表7-6　階層的重回帰分析の結果（キャリア意識：アクション）

		短期大学生（N=127）		大学1〜2年生（N=320）	
		Step 1	Step 2	Step 1	Step 2
	変数	標準偏回帰係数（β）		標準偏回帰係数（β）	
キャリア探索	情報収集	.286*	.277*	.116*	.073
	自己理解	.088	-.013	.290***	.180***
	キャリア支援活用	-.024	-.063	.122*	.085
学生生活探索	学業	.191	.164	.015	.038
	異質交流	.219**	.188**	.394***	.355***
レジリエンス	長期的展望		.157		.142**
	継続的対処		.308***		.256***
	多面的生活		-.016		-.012
	楽観的思考		.073		-.004
	現実受容		.002		.008
	決定係数(R^2)	.312***	.507***	.472***	.565***
	調整済（R^2）	.283***	.464***	.464***	.551***
		$F(5,121)=10.957$	$F(5,116)=9.166$	$F(5,315)=56.364$	$F(5,310)=13.174$

*$p<.05$, **$p<.01$, ***$p<.001$

表7-7　階層的重回帰分析の結果（キャリア意識：ビジョン）

		短期大学生（N=127）		大学1〜2年生（N=320）	
		Step 1	Step 2	Step 1	Step 2
	変数	標準偏回帰係数（β）		標準偏回帰係数（β）	
キャリア探索	情報収集	.495***	.506***	.574***	.541***
	自己理解	.048	-.029	.113*	.040
	キャリア支援活用	.023	-.009	.048	.006
学生生活探索	学業	.158	.124	-.086	-.058
	異質交流	-.083	-.107	.158***	.127**
レジリエンス	長期的展望		.169		.077
	継続的対処		.235**		.211***
	多面的生活		-.054		-.038
	楽観的思考		.000		.036
	現実受容		.024		-.051
	決定係数(R^2)	.398***	.506***	.437***	.487***
	調整済（R^2）	.373***	.463***	.428***	.471***
		$F(5,121)=15.982$	$F(5,116)=5.073$	$F(5,314)=48.663$	$F(5,309)=6.138$

*$p<.05$, **$p<.01$, ***$p<.001$

$\beta=.142$, $p<.01$）であった。短大生の「長期的展望」も有意ではないものの，大学と同程度の係数であった。自分について知ることや長期的な視点を持つ大学１～２年生は，アクション得点が高かった。短大生のみ「情報収集」（短大生：$\beta=.277$, $p<.05$）がアクションに有意に関連していた。「情報収集」をしている短大生は，アクション得点が高かった。

4－2　キャリア意識（ビジョン）との関連

Step 1（短大生：$R^2=.373$, $p=.001$；大学１～２年生：$R^2=.428$, $p=.001$），Step 2（短大生：$R^2=.463$, $p=.001$；大学１～２年生：$R^2=.471$, $p=.001$）とも R^2増分が有意になり，有意な回帰式が得られた。短大生，大学１～２年生の双方に有意に関連していたのは，キャリア探索の「情報収集」（短大生：$\beta=.506$, $p<.001$；大学１～２年生：$\beta=.541$, $p<.001$），レジリエンスの「継続的対処」（短大生：$\beta=.235$, $p<.01$；大学１～２年生：$\beta=.211$, $p<.001$）であった。将来のための情報を収集し，思うようにならない場合にも継続的に対処できる学生は，ビジョン得点も高かった。短大生と大学１～２年生の違いでは，大学１～２年生のみ「ビジョン」に有意に関連していた項目があった。学生生活探索の「異質交流」（大学１～２年生：$\beta=.127$, $p<.01$）であり，異質な他者との交流を行う大学１～２年生は，ビジョン得点が高かった。

4 考　察

本章の第一の目的は，キャリア意識（アクション・ビジョン）の発達に，探索行動とレジリエンスは，どの程度影響しているのかを明らかにすること，第二の目的は，短大生と大学１～２年生を比較し，その共通点と相違点を検討することであった。そこで重回帰分析の結果に基づき，探索行動とレジリエンスを比較し，短大生と大学１～２年生の共通点と相違点について考察する。

１．探索行動とレジリエンスの比較

探索行動がキャリア意識（アクション・ビジョン）により強く影響していた。社会生活への移行に向けてキャリア意識を高めるには，探索行動を活発化させることが重要と考えられる。

一方，ΔR^2の変化量から見ると，短大生の方がレジリエンスの影響を受けていることが示唆された。短期間で就職や編入等の意思決定を行う短大生にとっては，レジリエンスも重要と考えられる。キャリア支援においても，精神的に余裕がない状態を考慮する必要があるだろう。

2．共通点から見たキャリア意識との関連

結果から，キャリア意識の発達に重要なのは，以下の３点と考えられる。第一は，困難な状況でも継続的に対処するレジリエンスを持つこと，第二は，今までとは質の異なる対人交流を行うこと，第三は，将来に向けての「情報収集」を積極的に行うことである。特に「情報収集」は，短大生と大学１～２年生のビジョンに強い関連を示していた。情報を収集することで，今までわからなかったことが明確になり，将来をイメージしやすくなった可能性が考えられる。

3．短大生と大学１～２年生との相違点

3－1　短大生にのみ関連したこと

アクションについて，大学１～２年生には関連がないのに，短大生に関連があったのは，キャリア探索の「情報収集」であった。短大生は時間に余裕がない分，早くから将来に向けての準備に入る。そのため，情報を収集した結果がすぐにアクションとして現れた可能性がある。一方，大学１～２年生は，情報を集めるのみで終わってしまったのではないだろうか。これらの結果は十分想定できるものではあるが，量的分析の結果からも示されたといえよう。

3－2　大学１～２年生にのみ関連したこと

アクションについて，短大生には関連がないのに，大学１～２年生に関連していた項目が，キャリア探索の「自己理解」と，レジリエンスの「長期的展望」であった。大学生は短大生と異なり，修業年限が長い。そのため，１～２年生段階では，興味や関心を探る「自己理解」が有効に働いた可能性がある。また，長期的な視点でのレジリエンスは，困難さを乗り越えてアクションの達成度に寄与すると考えられる。

一方，「自己理解」などのキャリア支援は，短大生にも行っているはずであ

るが，アクションとは関連していなかった。短大生の場合，資格取得や専門性を活かした就職をすることを，大学生より意識する傾向がある[2)]。そのため，すでに「自己理解」ができていると感じている学生がいる一方，短期間での「自己理解」が難しかった可能性も考えられる。ビジョンについて，大学１～２年生のみ関連していたのが，学生生活探索の「異質交流」であった。「異質交流」はアクションに関して，短大生，大学１～２年生とも関連していたが，ビジョンに関しては大学１～２年生のみとなったことは興味深い結果であろう。アクションだけではなく，ビジョンにつながる「異質交流」には，一定の時間の他，交流の質が影響していると考えられる。

４．キャリア支援の検討

先にも述べたように，短大生の方がレジリエンスの影響を受けていた。修業年限は短くても，焦らずに納得のいく意思決定を行うためには，精神的健康は欠かせない。これまでのキャリア支援と合わせて，レジリエンスを取り入れた教育や支援を検討する価値があるだろう。

移行後の社会生活への影響について，キャリア意識のアクションとビジョンの違いを報告した先行研究がある。梅崎・田澤（2013）は，アクションを高めることは内定を得ることにつながるものの，早期離職にも正の影響があるとした。一方，ビジョンを高めることは内定を得るだけではなく，内定満足度や早期離職の防止にもつながっていることを示している。これらのことから短大生，大学生にとって，ビジョンの促進が重要であると考えられる。学生生活でビジョンを促進するためには，いつもと同じ人間関係の枠から一歩踏み出すことが必要である。異質な他者との交流をきっかけに「自己と対峙し，将来についてよく考える」ことが重要だろう。古田（2018）は，学生生活の３側面（勉強，サークル，アルバイト）のうち，勉強への意味づけの深さが職業観やアクション，ビジョンともっとも関連したと示した。探索行動を積極的に行うだけではなく，探索行動をきっかけにして，そこから何を導き出せるかという「意味づけ」の重要性が示唆されたともいえるだろう。

5 今後の課題

最後に今後の課題として，以下の3点があげられる。

第一に，本章の調査は関西近郊の一部の短期大学と大学を対象としたものであり，性別および短期大学の学年人数は統制できておらず，本調査のみをもって一般化することはできない。

第二に，短大生と大学1～2年生では，キャリア探索とレジリエンスがキャリア意識に及ぼす影響に違いが確認された。大学生活での経験年数や進路への意識の違いが反映されていると考えられる。今後は短大生のキャリア探索とレジリエンスについても明らかにする必要があるだろう。

第三に，本章では，学生生活探索という概念を追加し，キャリア探索と合わせて探索行動とした。今後は，学生生活探索がキャリア探索にどう影響しているのかなどの調査を行い，学生生活での学びや交流とキャリア探索の関連も明らかにする必要がある。

注

1） 性的少数者への配慮から，性別を特定しない「その他」を調査票回答項目に追加した。

2） Benesse 教育研究開発センター（2013）によれば，短大生の進学理由は，第1位「資格や免許を取得したい」，第2位「専門的な勉強・研究がしたい」なのに対し，大学の進学理由は，第1位「大学で過ごすこと自体が人生経験として貴重だと思ったから」，第2位「先行き不透明な時代に，大学くらい出ていないといけないと思ったから」となっている。

第Ⅲ部

研究の総括と提言

第8章

総括と提言

本書の目的は，次の三つであった。第一に，キャリア探索とレジリエンスの関連性を明らかにすること，第二に，キャリア探索とレジリエンスの特徴や役割を明らかにすること，第三に，キャリア探索とレジリエンスの関連性をふまえ，大学生活におけるキャリア支援のあり方について提言を行うことである。本章では，第一，第二の目的についての考察は理論的含意に，第三の提言については，実践的含意にて述べる。

1 キャリア探索の因子構造

キャリア探索には，「環境探索」と「自己探索」があるが（Stumpf et al., 1983; Zikic & Klehe, 2006），国内の研究では，若松（2006）と安達（2010）がそれぞれ3因子を報告している。本書の調査は，1～2年生のみを対象とした第5章が，「環境探索」と「自己探索」の2因子となった。第5章では，低学年次用に開発された安達（2008）の尺度のみを使用している。

一方，全学年を対象として調査を実施した第4章，4年生を対象にした第6章，短大生（進路や就職活動の意識の点で3～4年生と同等に考える必要がある）を加えた第7章については，「情報収集」「自己理解」「キャリア支援活用」の3因子となった。ここでは，安達（2008）の尺度の他，若松（2006）を参考に，高学年次向けのキャリアセンター利用やインターンシップなどの項目を一部追加している。

ここでいう「自己理解」は項目内容から「自己探索」と読み替えられる。「情報収集」は個人でできる情報の収集であり，「キャリア支援活用」は，他者への相談や大学での支援が想定される。安達（2008）は当初，2因子で解釈した後，3因子を抽出しており（安達，2010），3因子を「他者から学ぶ」とした。

若松（2006）も3因子目を「外的活動」としている。安達（2010）は同じ尺度を用いた測定で下位構造に違いが生じた理由を，対象者の属性が関与しているとし，安達（2008）は女子学生のみを，安達（2010）では男女大学生を測定対象としていたことをあげている。

本書の調査の違いも，第5章以外は就職活動を意識する対象層が加わっていること，質問項目が追加されていることがあげられるだろう。「キャリア支援活用」は，探索の中でも他者との関係性の中で行われるものである。第1章でも述べたように，キャリア教育や支援が最終的に目指すものは，社会的・職業的自立に向けたキャリア形成であり，人とかかわり，社会への適応を果たしながら，自分らしく成長していくことである。安達（2010）もまた，他者から学ぶことの意味や有用性の検討が必要とした。今後は，「キャリア支援活用」を意識して調査することが必要であろう。

2　理論的含意

実証研究の第4章により，キャリア探索とレジリエンスの関連が確認され，第5章ではレジリエンスがキャリア探索の促進要因であることが明らかになった。しかし，キャリア探索は下位尺度により，その特徴が異なっていた。そのため，具体的なレジリエンスのキャリア探索への影響については，後述のレジリエンスの役割のところで述べる。

本節は，これまでの研究結果と先行研究の知見に基づき，三つの観点から考察を行う。一つ目はキャリア探索の特徴，二つ目はレジリエンスの役割，三つ目は，ロールモデルの役割についてである。

1．キャリア探索の特徴

1-1　キャリア構築の基礎としてのキャリア探索

キャリア探索は自らのキャリアを構築していく基礎部分であり，その後の行動を支えるレディネスの機能を持つことが示唆された。第6章においてキャリア探索の「自己理解」は不採用経験後の「自分らしい就職態度の確立」，さらに「目標の明確化」へとつながっており，そこから「満足・意欲」を通して「不安」を低減していた。キャリア探索は，不採用経験を乗り越える行動を起こさせ，内定先への「満足・意欲」を高めることで「不安」を低減させたと考えられる。

一方，キャリア探索は，内定後の「満足・意欲」や「不安」に直接影響していなかった。このことはキャリア探索という基礎部分だけでは，内定先へのポジティブな感情につながらなかったことを意味している。

第６章でも述べたように，茶道などの芸術では「守破離」という熟達のプロセスがある。「守」は，師匠の教えや決められた型を守って習得すること，「破」は守で身につけた型の壁を破り，発展させること，「離」は既存の枠組みから離れ，技を自在にできるようになることをいう（齊藤，2020）。生涯を通じてキャリアを構築していく中で，キャリア探索は「守」の基礎部分にあたり，自分なりの工夫を必要とする「破」の発展部分，そして自分の個性を確立していく「離」の構築部分へと段階的に進行しているのではないだろうか。

４年生は社会移行の直前期であり，社会的・職業的自立に向けて人生のステージが大きく変化する。これまでの「学生」という役割から離れ，学生生活を終えることに対する不安が襲うこともあるだろう。大学生活や就職活動は，内定獲得だけが目的ではないことも，すでに述べた通りである。キャリア探索は，児美川（2016）のいう「社会化」と「主体化」に向けたキャリア構築の基礎部分である。次のステージに向けて巣立っていく４年生は，予測不能な雨風を受けることもあるだろう。そこには「生き抜く力」としてのレジリエンスが必要になってくる。そして，自分の力で就職活動という大きな壁を乗り越えたという経験が，内定先への積極的な態度を形成し，社会適応を果たしていく。「社会化」「主体化」という意味での本質的なキャリア探索は，内定の獲得によって終わるのではなく，新たなステージに向け，むしろここから始まっているといっていいだろう。キャリア探索は，生涯にわたる自己の構築プロセスとして，その後の再探索，再構築に関わってくるものだからである（Flum & Blustein, 2000）。

１－２　異なる役割を持つキャリア探索

先行研究では，「自己探索」と「環境探索」は異なる役割を持つ可能性があるとの指摘がなされていた（Blustein, 1989）。本書でも「自己探索」に該当する「自己理解」と，「環境探索」に該当する「情報収集」「キャリア支援活用」には異なる結果が得られた。この結果は先行研究を支持したものであり，「自己理解」と「情報収集」「キャリア支援活用」は分けて考えることが必要ということである。

まず，キャリア探索の「情報収集」「キャリア支援活用」には学年の違いがあることである。第4章の結果から「自己理解」に学年の差はなく，1年生から一定の「自己理解」を行っていることが示された。短大生との比較でも「自己理解」に差は見られなかった。自己内省的な活動は行動に伴うコストが小さく，探索行動として行われやすいとの指摘もある（若松，2012）。

「自己理解」は，行動を起こしやすいという側面だけではない。「入学期」となる1年生は，新生活への移行と適応の時期とされ（鶴田，2002），これまでとは大きく環境が変わる。高校までは担任制であり，クラスを通して連絡をもらうことができる上，科目や時間割，1日のスケジュールなども決まっていた。教室は同じメンバーで構成され，自分が動かなくても教員が教室にやってきてくれる。しかし，大学は自分で科目を選択し，1日のスケジュールも自分で作成しなければならない。広いキャンパスから教室を探し，授業ごとに移動する必要もある。当然ながら，その授業を取っている構成メンバーも授業ごとに変わるだろう。受け身で過ごせていた環境は一変し，自分で選択して動くことを余儀なくされる。クラブ活動やサークルなどの勧誘を受け，アルバイトをどうするのかなど，学生生活そのものを決めていかなければならない。その結果，1年生から「自分はどうしたいのか？」「自分にとっていい選択とは何なのか？」という問いと向き合うことになる。「自己理解」が1年生から行われていた背景には，こうした環境の中で，自分で考え選択する経験が増えていることがあげられるだろう。

一方，1年生の「自己理解」の平均が3点台であるのに対し，「情報収集」の1～2年生の平均は2点台，「キャリア支援活用」の1～2年生の平均は1点台となっており，「情報収集」「キャリア支援活用」は3年生になってから活動していることが明らかになった。大学生は，1～2年生から「自己理解」を行っているものの，「情報収集」や「キャリア支援活用」は鈍い動きとなっていた。介入方法や介入時期を検討する際，これらの探索を分けて考える必要があるということになる。1～2年生は他者から学ぶことに積極的ではないという指摘通り（安達，2010），キャリアセンターやインターンシップ推進などの取り組みも浸透されていなかった。鶴田（2002）は２～３年生を「中間期」とし，一般に生活上の変化が少なく，自己の内面を見つめる体験をする時期である反面，スランプや無気力，無関心に陥りやすい時期とし，学業面では中だるみへの対処をあげている。現在は多くの大学で１年生前期に初年次の教育が行われている。３年生からはゼミ指導が開始されることや，就職活動の早期化を念頭に置けば，１年生後期から２年生への教育的介入に検討すべき課題があろう。「自己理解」が一定程度進行していることをふまえると，「自己理解」を「情報収集」「キャリア支援活用」へつなげることが重要と考えられる。

次に，ロールモデルとレジリエンスがキャリア探索にどう影響しているかという点には，探索ごとの違いが見られたことである。特にロールモデルの影響については，大きく異なる結果となった。この点はロールモデルの役割のところで詳細を記述する。

２．レジリエンスの役割

本書は，レジリエンスを一つのまとまった概念としてとらえた研究（第５章），各因子との関連で調査した研究（第４章・第７章），レジリエンスという概念を直接扱ってはいないが，不採用経験後の就職活動の取り組みそのものに，レジリエンスの必要性が示唆された研究（第６章）があった。以下に，レジリエンスを因子ごとにとらえたものと，まとまった概念としてとらえたものを考察していく。

２-１　キャリア探索の促進要因としての役割

キャリア探索はレジリエンスとかかわりがあった。レジリエンスの高群は低群よりも，キャリア探索の全般において，おおむね得点が高かった。レジリエンスは，キャリア探索に直接影響し，「環境探索」においては，ロールモデルとの間の媒介変数の役割を果たしていた。これらのことから，キャリア探索には，レジリエンスが大きな役割を果たしていることが示されたといえる。

これまで述べてきたように，キャリア探索は内的動機付けや進路選択自己効力，希望などのポジティブな活動力との関連が確認されている。本書のレジリエンスも，ポジティブな活動力としてキャリア探索の促進に貢献しており，新たな変数として先行研究を支持したと考えられる。

第1章でも述べたように，大学生は探索期の他，不安定な境界期（下山，1998）の側面を持つ。大学生は将来の不安を抱えながら学生生活を送り，就職活動という大きな壁に立ち向かわなければならない。そして，不採用という経験に傷つきながらも，キャリア探索を継続し，自分らしさに立ち返り，目標を明確にしていくのである。

本書のレジリエンスは，キャリア探索の促進要因として検討されてきたが，第6章ではレジリエンスを変数として検討してはいない。しかし，就職活動において経験する逆境や困難を乗り越えるという意味では，レジリエンスがキャリア探索によって育まれたという見方も可能であろう。レジリエンスがキャリア探索を促進し，キャリア探索によってレジリエンスが育まれたという見方もできるかもしれない。キャリア探索とレジリエンスとの間には，相互作用が生まれている可能性も否定できないだろう。

2－2　援助希求能力としての役割

第3章でも述べたように，平野（2015）は「心の強さ」を傷つかない強さと，傷つく弱さを持ちながらも，立ち直って前に進む強さの2種類とし，レジリエンスは後者であるとした。「弱さ」から立ち直り，前に進むきっかけの一つには，他者とのかかわりが大きく関係してくるだろう。

池田他（2018）は，クラブ・サークル活動でのメンバーとの深いコミュニケーションが，キャリア・レジリエンスに正の影響を与えると示唆した。若い人が逆境を乗り越える能力には，大人の相談相手（メンター）が重要な役割になるとされ，サポートや励ましの重要性が指摘されている（Southwick & Charney, 2012 森下・西・森下監訳 2015）。自分の力で立ち直ろうと努力する姿勢は，もちろん重要なことである。しかし，初めて経験することや，自分一人では抱えきれない苦悩もあるだろう。Southwick & Charney（2012 森下・西・森下監訳 2015）は，レジリエンスを高めるためにアドバイスや助けを求め，支えとして家族，友人，同僚などに連絡を取るという決まりごとをつくり，困難な状況で使うことを推奨している。

本書でも，就職活動での「キャリア支援活用」は，「他者への自己開示」から「模索的行動」につながっていた。他者の存在が支えとなり，行動を起こす原動力となっていたと考えられる。しかし，すでに述べたように「模索的行動」は「満足・意欲」にはつながっていなかった。キャリア探索はレディネスとしての基礎部分であり，最終的な「満足・意欲」に至るには，就職活動の取り組みの中で「目標の明確化」のような，次のプロセスが必要だからであろう。

2-3　レジリエンスの各因子とキャリア探索との関連

レジリエンスは五つの因子に分かれている。第4章の結果から，レジリエンスの「長期的展望」「継続的対処」の高い群は低い群より，キャリア探索を積極的に行っていた。第7章の結果では，キャリア意識の「アクション」「ビジョン」双方の達成度に，レジリエンスの「継続的対処」が影響していた。常に新しいチャンスに対応できるよう準備をするなど，様々なできごとに対して継続的に対処できるレジリエンスが，学生生活では重要になる。

本書では，キャリアを狭義のキャリアとはとらえておらず，ライフキャリアとしてとらえた。そのため使用した尺度も，ライフの視点を組み入れた「ライフキャリア・レジリエンス尺度」（高橋他，2015）であり，広範な概念を一つのレジリエンスとしてとらえている。

一方，第3章でも取り上げた平野（2010）は，レジリエンスを資質的要因と獲得的要因に分け，「資質的レジリエンス」「獲得的レジリエンス」としている。平野（2015）は，レジリエンスを高める介入についても，レジリエンスの低い人と生得的なレジリエンス要因を多く持つ人とでは，異なる介入の仕方が必要とした。資質的要因は変化を促すというより，持ち味に合わせた支援を行うための手がかりとなり得る。一方，獲得的要因には教育やキャリアカウンセリングとして介入し，本人にとっての望ましい変化を促す一助となるだろう。

本書で扱ったレジリエンスは，資質的，獲得的といった分け方をしていないが，学生生活の中で獲得できるようにしていくことが必要である。今後はレジリエンスを資質と能力的要素に分けて調査し，キャリア探索と合わせた研究を積み重ねる必要があるだろう。

3．ロールモデルの役割

ロールモデルとキャリア探索との関連は，第5章で説明している。第5章のキャリア探索は，対象者が1～2年生に限定されたこともあり，「自己探索」「環境探索」の2因子となったため，ここでは2因子で記述する。大学生の

「自己探索」は，ロールモデルの直接効果が67.3％と高く，ロールモデルの影響が高いことが示された。これまでの出会いの中にロールモデルが存在することが，自己への探索を活発にさせていたと考えられる。ロールモデルの存在へのあこがれが，「なりたい」という気持ちを芽生えさせたからではないだろうか。レジリエントなロールモデルの存在は，自分が苦しい状況に立たされた時にも機能する。目の前の光景が闇に包まれたとき，「あの人ならどうするだろう？」という視点を持つことは一筋の光となり得る。その結果，客観的な視点をもって，「自己探索」を深めることができるだろう。

一方，ロールモデルは「環境探索」に直接の影響を与えてはいなかった。ロールモデルが「環境探索」に影響するには，レジリエンスが高くなる必要があった。情報を収集すれば，現実とのギャップも見えてくる。「なりたい」というだけではなく，「できるのか？」「どうすればいいのか？」という問いにも応えなければならない。ロールモデルに出会っているほど，具体的に模倣することが可能である。模倣をするには他人の行動を観察し，自分の行動に落とし込むための学びを深めなければならない。ロールモデルが「自己探索」に直接の影響があったのに対して，「環境探索」に影響しなかったのは，「環境探索」は具体的な行動を伴うものだからだろう。

本書で取り扱ったロールモデルはレジリエントなロールモデルのため，レジリエンスを必要とする苦しい環境下において，心構えや覚悟を有する際に機能すると考えられる。親や兄弟，学校の先生や先輩，友人など，身近に存在した人物の他，本や映画などで出会ったこころに残る人物でも構わない。「ロールモデルを探す」ということを意識させることで，なぜ自分はその人物に惹かれるのかを考えることになる。そこで，自分に足りないもの，自分が譲ることができないものなどを発見する手がかりとなるだろう。

一方，「目標」としての意味合いが強いロールモデルや，「技術習得」をする上でのロールモデルは，別の機能を有している可能性がある。テニスを例にとってみよう。相手のボールをラケットの中心に当てて，力強く相手のコートへ返したい場合，技術のある選手がどうボールを返しているのかをまず観察する。ボールから目を離すことなく，ボールの着地点に素早く移動し，脇を閉めて弧を描くようにラケットを振りきっていることがわかるのではないだろうか。ロールモデルから学んだ観察結果を自分自身の練習に取り入れていくことで，ボールを打ち返す法則のようなものが身につくのである。ロールモデルから効果的に学ぶ方法には，行動を注意深く観察した上で，以下の四つの行動があげられるという（Southwick & Charney, 2012　森下・西・森下監訳 2015）。

（1）　スキルをシンプルな要素に分ける
（2）　スキルを様々な状況下で観察する
（3）　練習し，実生活の中で実践する
（4）　専門家や訓練された人からフィードバックを受ける

このように，ロールモデルの存在は具体的な将来をイメージさせ，行動を起こすきっかけになるだろう。しかし，上記（1）～（4）の具体的な行動へと踏み込み，技術の習得を進めていけば，壁にぶつかるときが必ずやってくる。そこに，本書で扱ったレジリエントなロールモデルの存在や，レジリエンスの発揮が必要とされるのではないだろうか。

第7章では，異質な他者との交流が「ビジョン」の達成度に影響していた。「環境探索」には，ロールモデルとレジリエンスの両方が必要であり，ロールモデルの存在が他者の支援に対する入り口ともなり得る。このように「自己探索」は自分との対峙であるが，「環境探索」はさらに現実との対峙もふまえ，他者との交流を進めていく必要がある。そこには，憧れとしてのロールモデルだけではなく，支援を受ける入り口としての存在もあるのかもしれない。そして，それらのプロセスがさらなるキャリア探索を推し進めていく。このように，人はロールモデルやレジリエンスの力を借りながら，自己や環境の探索を通して，成長していくのである。

4．総合考察

ここで，これまでの理論的含意についての総合考察を以下の三つの観点から行う。

第一に，「自己理解」を「情報収集」「キャリア支援活用」へつなげることが重要である。これらの探索行動を分けて考えることで，介入の方法を具体的に検討できるからである。先行研究の指摘通り，本調査の結果からも，「自己探索」にあたる「自己理解」と「環境探索」にあたる「情報収集」「キャリア支援活用」は異なる役割があることが明らかになった。「自己理解」は「情報収集」「キャリア支援活用」と比較すると，1～2年生から一定の値があり，短大生との差も確認されなかった。つまり「自己理解」は，個人の力でもある程度は進めていける可能性が考えられる。ただし，「自己理解」には客観的な視点を含む一定の「質」が重要である。必要な情報が収集できていない中，独りよがりに「自己理解」を進めることには懸念もあるからである。川﨑（2005b）は，自分探しの旅に出たまま帰れなくなる若者がいるとし，自己理解の促進を強調しすぎることのリスクを指摘した。また「適職選択」の強調が「自分に合った仕事」がどこかに転がっているに違いないと思い込み，仕事を選べなくなると述べている。キャリア探索の「自己探索」と「環境探索」は，「社会化」「主体化」に向けての両翼である。社会に向けて自分らしく飛び立つためには両翼のバランスが必要であり，片方の翼だけが大きく成長しても，うまく飛べないということだろう。

一方，「情報収集」や「キャリア支援活用」は，ひとりで行うには限界がある。そのため，行動の原動力となる何らかのきっかけと合わせて，一定の「量」の探索が必要になるだろう。第6章では4年生に対して質問紙調査を行ったが，その際，インタビュー調査[1)]も実施した（湯口，未発表資料）。ここでは，「自己理解」が促進された段階で「情報収集」を行うきっかけがあり，様々な支援を活用することができた「学生C」（電子機器の商社営業に内定）の事例を紹介する。

学生Cは，部活（運動部）一色の学生生活を送った。週1日のオフがあるが，その日は授業があるため，実態は休みなしの大学生活だった。1～2年生の頃は休みがないことを苦痛に感じることもあったが，3年生から後輩の面倒を見る機会が増え，自分たちがこの部活を引っ張っていくんだという自覚，責任，覚悟が芽生えた。チームの目標やシーズンを通してのプランも，監督やコーチに頼らず自分たちで考えた。各ポジションにはオフェンスとディフェンスがあり，役割が明確に異なるため，適性が考慮される。常に自分が何をすべきかを動きながらも考えなければならず，自分の役割とは何かを内省することになった。シーズンオフの休みに入るタイミングで，3年生のゼミにある会社の社長が来訪した。そのことをきっかけに，企業経営者や人事担当者と交流することになったことが語られた。

「やっぱなんか運動部ってことなのかわかんないんですけど，企業からのオファーがたくさんもらえて，で，もうまわりでは，1～2回生，3回生くらいからインターンを始めてる子とか，なんか就活やってるって子もいたんで，じゃあ，やらないとなって思って。オフ（部活のオフシーズン）に入ると同時にいろんな企業に連絡して，企業が主催するパーティとかに自分から足運んで，自分からとりあえず，コンタクトとったっていう感じですね。」

「人と，新しい考え方とか，新しい価値観とか，新しい人間関係とか……。今までの大学生活は部活だけで，部活以外の友達ってほとんどいなくて。で，なんか，その就職活動で外に出てったときに，他の大学の子だったり，違う会社の人だったりの繋がりとか，新しい人との関係が面白くて，ごはん行ったりとかもしましたし，連絡先とかもたくさん……2，30件ぐらい交換しました。とりあえず，大人としゃべる数を増やそうと思って。先生（ゼミ教員）にも相談しに行ったこともありますし，キャリアセンターにXさんがみえるんで，そこにも行ったことあって，2～3回しゃべりに行ったりとか。」

「そうなったときに自分がやってみたいなとおもったのが，お客さんとちゃんとコミュニケーションをとって，話し合いして，お客さんのニーズに合わせたものをちゃんと提供するというか，ちゃんと人間関係がしっかりしたうえでの営業ができたらいいなと思ったんで……。そうなったときにこの商社は結構いいなと思って。」

学生Cの事例は，部活を通して「自己理解」が促進されているところに，ゼミを通して社会と接触の機会があり，そのことがきっかけとなって「情報収集」「キャリア支援活用」が開始された例である。このように，「自己理解」を一つのきっかけにして，「情報収集」「キャリア支援活用」につながる機会をつくることが重要だろう。第2章でも述べたように，大学生にとって教員は，仕事の世界につなぐ特別な役割を果たすかもしれないからである（Cheung & Arnold, 2010）。

第二に，キャリア探索にとってロールモデルとレジリエンスが重要な役割を担うことである。学生には個人差があり，全員が未来への希望を持って進んでいるわけではない。「情報収集」や「キャリア支援活用」を始めた結果，何となく憧れていたものがあった場合でも，「なりたい」のこころの声は「なるには？」に変わり，「やってみたい」という声は「できるの？」に変わるのである。キャリア発達の段階を経ているということではあるが，環境探索が促進されることで未来が現実味を帯び，自信を無くしてしまう学生もいる。自己から環境への探索につなぐためには，こころの声に対峙するレジリエンスを持つことが突破口になるのではないだろうか。レジリエンスは特に「情報収集」「キャリア支援活用」といった「環境探索」を促進させる重要な手がかりとなり得るだろう。

そして，キャリア探索とレジリエンスには，ロールモデルが手がかりになるということである。ロールモデルは自己への探索を高める。そして，レジリエンスを媒介して環境への探索を高めていた。ロールモデルの存在は，くじけそうになる自分を勇気づける。そして，苦しくても目標へと向かう気持ちを支えるだろう。

一方，過去に憧れの存在との出会いがなく，やりたいことがわからないような場合，キャリア探索を行う意味が見いだせない。ロールモデルのアプローチからなりたい自分を考える場合，「個人差」を考慮することを忘れてはならない。川﨑（2005b）は，なりたい自分を考え，プランを立てて実行していくアプローチは，未来指向の人には有効であるとし，一方で，現在指向が非常に強い場合，無理に明確な目標を立てることが有効とは思えないと述べている。やりたいことやなりたい自分がわからないのに，思い描くことを強要するのは酷であり，学生を追い込むことにもなりかねない。川﨑（2005b）は現在指向の人には，将来の自分を現在の「延長線上」の自分として位置づけるアプローチの方が有効としている。未来のことが見えなくても，今を精一杯生きているということを肯定的にとらえ，勇気づけることが必要であろう。第2章でも述べたように，社会的支援はキャリア探索の過程において，重要な予測因子の一つとされた（Turan & Turan, 2014）。本書でも，社会的支援として「キャリア支援活用」の因子を取り上げた。レジリエンスがロールモデルと環境への探索を媒介していたことから，「キャリア支援活用」に対しても効果的に働く可能性があるだろう。

第三に，これまで述べてきた通り，1～2年生に対する探索への介入が有効と考えられる。1年生後期から2年生の期間は，大学生にとって様々なことを吸収する時期である一方，中だるみを起こす時期でもある。鶴田（2002）は，無気力，無関心になりがちな「中だるみ期」を2～3年生としたが，現在は就職活動の早期化などにより，学生生活を満喫できる期間が短くなっている可能性がある。大学生の授業意欲は，入学期から1回生後期，2回生5月以降と段階的に低下する傾向があるとした研究もある（溝上，2004）。

本書も環境への探索とレジリエンスの介入には，1年生後期から2年生後期の間が有効と示唆している。高下（2011）は，大学新入生の4月～7月の初期適応過程を調査した。入学当初は，大学生活に対して期待感や意欲を持って取り組んでいる学生がマンネリ化し，将来に向けてどのように過ごしたらよいのかを感じ出すと指摘している。実際，1年生，2年生の「キャリア支援活用」は，平均値が1点台と著しく低かった。無気力，無関心な状態から脱却し，将来に向けて動き出すために，キャリア探索を支える支援も必要となる。キャリア教育だけではなく，キャリアカウンセリングなどの支援についても，1～2年生が気軽に立ち寄れる場づくりが求められている。

3　実践的含意

本節は前節の理論的含意に基づき，大学生を中心とした若者たち，大学でのキャリア教育担当者，およびキャリアカウンセリングなどの支援に当たっている方々への実践的含意を述べる。キャリア探索やレジリエンスを促進させるための試みには，様々なアプローチが考えられる。各大学の目指す人物像があり，その方針に沿って力を入れていることが異なるからである。大学ごとにキャリア教育やキャリア支援にも特徴があり，重点の置き方も異なるだろう。

ここでは，二つの観点から提言を行いたい。第一に，「自己理解」から「情報収集」「キャリア支援活用」を促進させるための試みについて，第二に，レジリエンスの育成についてである。

1．「自己理解」を「情報収集」「キャリ支援活用」へつなぐ試み

「自己理解」から「情報収集」「キャリア支援活用」を促進させるための試み

については，１～２年生への支援体制を整えることで，キャリア探索が促進される可能性を示した。すでに述べたように，職業の世界を探索し，絞る前にまずは拡げていくことが必要である（川﨑，2005a）。第２章にあるように，大学生は「探索」「結晶化」「特定化」の各発達段階がある。「探索」を行うことがないまま，３年生になっていきなり「結晶化」や「特定化」に進むのではなく，段階を踏んでいくことが重要だろう。

１－１　事例紹介：大学におけるキャリア教育プログラムとしての取り組み

著者が院生として研究を行った関西大学では，キャリア教育科目が１～２年生を中心として行われている。ここでは，教学が行う正課教育カリキュラムのキャリア教育科目と，キャリアセンターが行う，正課外の各種キャリア形成支援プログラムが並行する。最初にキャリア意識の目覚めとして，１年生前期にキャリアデザインブックの配布や初年次教育科目でのガイダンスがある。次に１年生後期から始まるキャリア教育プログラムでは，１年生後期の「キャリアデザインⅠ」，２年生前期の「キャリアデザインⅡ」，２年生後期の「キャリアデザインⅢ」という選択科目を開講している。また，合わせてキャリアセンターを中心としたインターンシップ・プログラムを展開することで，キャリア探索の促進を支援している。その後は，３年生以上を対象とするキャリアセンターの就職支援へと引き継がれることになる。

川﨑（2010）が述べる関西大学のプログラムの特徴は，生涯キャリア発達の支援という考え方である。これらは上記にあげた教育プログラムの前後に位置づけられる，大学「進学前」と「卒業後」の支援にも現れている。進学前には，初等・中等教育への教員研修を通して連携を図っていること，初期キャリアのつまずきを支援するため，卒業生の支援に力を入れていることである（川﨑，2010）。また，これらの取り組みの全体を通して，キャリアカウンセリングに力を入れていることも特徴であろう。例えば，キャリアセンターが行う就職活動を中心にしたカウンセリングの他に，キャリアデザインルームが行う長期的なカウンセリングが用意されている。キャリアカウンセリングは特に学年を分けてはおらず，学生の相談内容によって選択できるようになっている。

1－2　事例紹介：キャリア教育科目としての取り組み

「自己理解」が1～2年生からある程度進められていることを考えると，そこを出発点として「情報収集」「キャリア支援活用」につなぐ試みが考えられる。まず，1～2年生からロールモデルについて考え，ロールモデルとの出会いの機会を提供することを提案したい。環境への探索を開始する段階では，レジリエンスが効果的に機能する。ロールモデルとレジリエンスを取り合わせたキャリア科目を実施することも一案だろう。

著者は勤務先の近畿大学で「キャリアデザイン[2)]」という科目を担当している。これまでのプログラムに本書の調査結果を加え，2020年からロールモデルとレジリエンスを加えたプログラムを実施予定であった。残念ながら2020年度はオンライン授業となり，完全な形では実施することができなかった。ここでは1～2年生向けのプログラムとして，一つの案を示す（表8－1）。

「キャリアデザイン」は全15回の内，初回を除いて「自己理解」（4回），「社会理解」（4回），「こころを守り，強くする」（2回），「キャリア理論」（4回）という内容で構成されている。「自己理解」の後には「社会理解」を置き，職業について考える流れがある。また，学生が身近に感じるアルバイト（アルバイト未経験者は課外活動など）を課業[3)]に分解して検討し，職業調査と社会人インタ

表8－1　「キャリアデザイン」の内容

各回の講義内容
(1)　イントロダクション（授業概要の説明とアイスブレイク）
(2)　自己理解①（これまでの自分の振り返りとジョハリの窓）
(3)　自己理解②（現在の自分について考える）
(4)　自己理解③（価値観について考える）
(5)　自己理解④（興味・関心について考える）
(6)　社会理解①（職業の意義と職業分類）＊第8回課題説明
(7)　社会理解②（ライフキャリアについて考える）
(8)　社会理解③（職業の探索と発表）
(9)　将来について考える①（キャリア理論1）＊第12回課題説明
(10)　将来について考える②（ロールモデル）
(11)　将来について考える③（キャリア理論2）
(12)　社会理解④（社会人インタビューの発表）
(13)　こころを守る（ストレスへの気づきと対処）
(14)　こころを強くする（レジリエンス）
(15)　将来について考える④（キャリア理論3）

ビューを課題として出している。これは，学生が自分で「情報収集」を行うきっかけをつくり，「キャリア支援活用」につなげるねらいがある。社会人インタビューでは，学生がインタビューを行う相手を自分で決め，教員の指定した質問項目と自分で考えた自由質問項目に沿って，インタビューを行う。指定質問項目はその職業に就いたきっかけや，仕事のやりがい，つらかったこと，学生へのアドバイスなどである。なお，課題はグループワークや全体発表を通して，結果の報告を行い[4)]，レポートとして提出してもらっている。

ロールモデルの回では，自分の中にある「憧れの存在」をイメージし，これまでの経験と照らし合わせながら，考察を深めている。レジリエンスについては後述するが，メンタルヘルスの回と組み合わせることで，こころの働きを考える機会になればと考えている。キャリア・アダプタビリティがメンタルヘルスの問題を軽減するのは，レジリエンスの促進が関係しているとの実証研究もあり（Xu et al., 2020），メンタルヘルスの問題にレジリエンスが貢献できると考えられるからである。

そして，キャリアを検討する方法が一つではないことを伝えるため，複数のキャリア理論を紹介しながら，将来を考えていく構成とした。授業終了後は自分の力で，「情報収集」としての探索から「体験を得る」探索につなげていってほしい。そのため，プランド・ハップンスタンス理論（計画された偶発性）を最終回とした。プランド・ハップンスタンス理論（Mitchell, Levin, & Krumboltz, 1999）は，これまでの「未決定を減らす」「個人特性と職業特性の一致を増やす」という考え方から転換し，偶然の出来事をつくり出し，自分のキャリア発達に組み入れていけるように支援することを，キャリアカウンセリングの目標としている（大庭，2014）。キャリアカウンセラーはクライアントに，想定外のチャンスに巡り合える探索的活動に従事することを教える必要があるとし，チャンスをキャリアの機会として利用していくためには，「好奇心」「粘り強さ」「柔軟性」「楽観性」「リスクテイキング」の五つのスキルが必要とされている（Mitchell et al., 1999；大庭，2014）。

「キャリアデザイン」は教室内で行う科目であるが，こうした科目の延長線上に，大学での支援を活用できると効果的だろう。例えば，インターンシップの実施やキャリアセンターの活用，キャリアカウンセリングなどの支援につなげるといったことである。

2．レジリエンスを育む

著者は，「自己理解」をきっかけにして，「情報収集」や「キャリア支援活用」につなげることを提案しているが，そこにはレジリエンスが大きな手がかりとなる。ロールモデルとの出会いが影響を与えることはこれまでも述べてきたが，そんなロールモデルに出会っていないケースもあるだろう。そこで，高橋他（2015）が作成した「成人版ライフキャリア・レジリエンス尺度（短縮版）」を使用したワークブックを紹介したい。第3章でも紹介した杉山他（2018）著「キャリア心理学ライフデザインワークブック」（ナカニシヤ出版）である。このワークブックは，ライフキャリアを意識しながら「自己理解」を行い，レジリエンスを高めて行動へとつなぐ章構成を取っている。第5章「レジリエンス」では，本書でも使用した「成人版ライフキャリア・レジリエンス尺度（短縮版）」（高橋他，2015）を使用し，診断ツール1により自分の特徴を確認することから始まる。次に，レジリエンスを高める具体策を検討することで，今後の取り組みを明確にしていくものである（診断ツール2）。以下に，診断ツール2の具体例をあげる（表8‐2）。Grotberg（2003）は，「もしも」というゲームに参加する形で逆境を想定し，どのレジリエンスを使うかを想像して要素を学ぶことで，避けられない困難への準備ができるとしている。Southwick & Charney（2012 森下・西・森下監訳 2015）も，レジリエンス要因の中から自分の価値観やライフスタイルに合っているもので，実行できそうなものを選んで始めてみることを勧めている。そして，レジリエンスを高めるためには時間と継続した努力が必要とし，一貫性のある練習を辛抱強く続けることが重要とした。

この方法は自分の特徴の確認と合わせて，将来の目標が定まらない学生にも援用できるため，一つの方法として検討できるだろう。

一方，平野（2015）はレジリエンスの個人差をふまえ，資質的要因（楽観性，統御力，社交性，行動力）の多い人と少ない人との介入の方向性を検討している。資質的要因を多く持つ人は，対処（コーピング）の方略を豊かに持つことがレジリエンスにつながるとし，様々な対処（コーピング）を用いて問題に向き合っていけるようにする。一方，資質的要因の少ない人には，多い人と同じレジリエンスを押しつけるのではなく，異なる立ち直り方があることを尊重する姿勢が重要とした。そして，資質的要因の少ない人は「聴いてもらうサポート」を通

表8-2　女子学生の診断ツール2の結果

概念	日常生活で実践できる具体例
長期的展望	1　仕事だけではない，家庭，趣味などについても，10年後の理想像を書き出してみる 2　今，取り組んでいることが将来，どのようにつながるか，具体的に考えてみる 3　企業研究について，企業の IR の情報などから，長期的な企業情報を収集して行う
継続的対処	1　就活の相談ができる相手を書き出し，具体的にアクションを起こし，相談してみる 2　仕事のように，就活に取り組む。たとえば，就活プランを立て，計画することを意識してみる 3　今，実施している早朝ウォーキングを，週1日から週2日に増やす
多面的生活	1　趣味のダイビングで，インストラクター資格を取る 2　ラクロスは，安定的にレギュラーとして，試合に出られるようにする 3　ボルダリングの愛好会に入り，仲間を増やす
楽観的思考	1　就活で楽観思考を養う。たとえば，就活の長期化を，様々な業界に触れる機会ととらえる 2　就活中の不合格を「人生勉強」ととらえてみる 3　ラクロスの試合での失敗について，できなかったと深刻にならず，課題として冷静にとらえる
現実受容	1　就活の状況に照らし合わせて，目標の修正をしてみる。たとえば，大企業から中小企業へ 2　就活が上手くいかないことを，冷静に受け止め，分析してみる 3　何か苦手なこと，やりたくないことに遭遇しても，受けとめる

出典：杉山・馬場・原・松本（2018）p. 59 表5-5

して，他の対処方法を「教えてもらうサポート」の選択も必要としている。平野（2015）のいうように，人間には個人差がある。個人差として存在する資質的要因に配慮しながら，獲得できる能力的要因（問題解決志向，自己理解，他者心理の理解）を伸ばす教育や支援が必要なのではないだろうか。平野（2015）のいう「様々な対処を用いて問題に向き合えるサポート」「聴いてもらうサポート」「教えてもらうサポート」を，個人差に合わせて使い分けることが求められる。

レジリエンスは，こころの弾力性を高めることが重要である。筋力トレーニングを行うように，自分が強くなる努力をすることに加えて，トレーナーからの指導を受け，仲間と一緒に汗をかきながら続けることが，レジリエンスを高めていくのではないだろうか。レジリエンスの「継続的対処」，学生生活探索の「異質交流」が，1～2年生のキャリア意識「アクション」「ビジョン」の達成度に影響していたことも，一つの着眼点となるだろう。他者とのかかわりの中でキャリア探索を促進し，レジリエンスを育んでいくことが求められている。

4　本書から示唆されるいくつかの視点と今後の展望

本書では，キャリア探索の促進にレジリエンスが影響していることが明らかになった。大学生は不安定な境界期（下山，1998）にあり，精神的には未熟な側面も持っている。無気力，無関心になりがちな「中だるみ期」も含め，探索途中で現実との折り合いがつかず，モヤモヤする時期もあるだろう。就職活動が始まれば，不採用経験を乗り越えて内定を獲得していかなければならない。

本書ではレジリエンスを「困難やストレスのある不安定な状況でも，それを乗り越えて自分のキャリアを構築していく力」とした。レジリエンスを育むためには，こころを支える支援が重要となる。その支援の一つとして有効に機能するものが，キャリアカウンセリングである。宮城（2014）によれば，キャリアカウンセリングとは「人を育て，能力を開発するためのカウンセリング」であり，メンタルヘルス支援の「なおすカウンセリング」ではなく育成型のカウンセリングとされている。さらに，キャリアに関する問題を抱える人はメンタルヘルス不調に陥りやすい傾向があり，不調者もまた，キャリアにその原因がある事例が増えているという。

先に述べたように，学生には個人差に合わせた様々なサポートが必要になる。レジリエンスをキャリア教育の中に取り入れることと合わせて，気軽にキャリアカウンセリングを受けられる体制が求められている。現在，キャリアセンターでは，一般的にキャリアカウンセリングを行っている。しかし，1～2年生の「キャリア支援活用」は著しく低く，3年生からの活動となっていた。今後はキャリア探索を支える場づくりとともに，気負うことなく相談に行ける体制が必要だろう。川﨑（2005a）がいうように，キャリア教育だけで完結するのではなく，既存の相談機関や事務部門とも連携を図りながら，学生のキャリア支援を行うことが重要である。

本書では大学生を対象としたが，当然，大学入学前からキャリアについて考える機会がある。しかし，小，中，高と系統的なキャリア教育と呼べるような実践はなされておらず，夢ばかり追わせる現実離れした教育との批判も受けている（藤田，2019）。これについても，夢を追うことそのものが悪いのではなく，「社会化」「主体化」という両翼のバランスの問題といっていいだろう。

先にも述べたように，高校生活と大学生活は大きく異なる。高校と大学が連携する場や，協力して活動する場を設けることで，高校生には大学生が具体的なロールモデルとなる。大学生にとっても，自分が支える必要がある年下の存在がいることで，新たな役割が生み出される。その役割は，前述した学生Cのインタビューにあるように，自分たちが引っ張っていくという自覚，責任，覚悟のようなものを芽生えさせるだろう。キャリア探索の促進にはロールモデルとレジリエンスが影響していた。今後は，これらの関係性をより詳細にとらえることが重要である。そうすることで，その研究成果を大学生だけではなく，高校生などのキャリア探索の促進やレジリエンスの育成にもつなげていくことができるだろう。

注

1）調査票（巻末資料参照）の最後に「協力のお願い」として，30分程度のインタビュー調査に協力してもらえる学生を募集した。調査票は無記名のため，応募学生には連絡手段として呼び名（ニックネーム等の匿名）と携帯 No を記入してもらった。募集文には，呼び名と携帯 No に記入がある学生は，調査への同意があったものとみなすことを明記している。応募学生の中から，キャリア探索や就職活動の取り組みなどの変数に高低がある学生を抽出した。インタビュー日程の調整ができた8名に倫理事項を説明し，同意書を記入の上，半構造化面接を行った。

2）著者が行う科目は，1年生以上対象の「キャリアデザイン」と，3年生以上対象の「キャリアデザイン」，短期大学部1年生以上対象の「キャリアデザイン1」がある。就職活動を意識しなければならない3年生，短期大学部1年生は，就職不安などに対応する回があり，講義やフィードバックなどに就職活動についての解説を加えている。ほぼ毎回，学びや気づきを考察する小レポートの提出があり，翌週の始めに著者がフィードバックを行っている。

3）この職業分類における職業とは，職務・職位・課業によって構成される概念であり，職務の内容である仕事や課せられた責任を遂行するために必要な知識・技能などの共通性又は類似性によってまとめられた一群の職務をいう。職務とは，一群の職位がその主要な仕事と責任に関して同一である場合，その一群の職位をいう。職位とは，一人の人に割り当てられた仕事と責任との全体をいう。課業とは，職位に含まれる各種の仕事のうち，個々のひとまとまりの仕事をいう。仕事とは，職業活動において特定の活動を果たすために払われる精神的，身体的努力をいう（厚生労働省，2011）。

4）2020年度はコロナ禍の中でオンライン授業となり，グループワーク，発表ができない状況となった。そのため，自己学習の中での対応や，オンラインのブレイクアウトルーム機能の活用，教員が調査レポートを紹介するなど代替措置を行った。

引用文献

安達智子（2004）．大学生のキャリア選択――その心理的背景と支援―― 日本労働研究雑誌，*533*，27-37.

安達智子（2008）．女子学生のキャリア意識――就業動機，キャリア探索との関連―― 心理学研究，*79*，27-34.

安達智子（2010）．キャリア探索尺度の再検討 心理学研究，*81*，132-139.

天野郁夫（2007）．「全入」時代の意味するもの IDE，*491*，5-11.

東洋・大山正・詫摩武俊・藤永保（1970）．心理学の基礎知識 有斐閣

Bandura, A. (1995). *Self-efficacy in Changing Societies*. Tokyo: Cambridge University Press.（バンデューラ，A. 本明寛・野口京子（監訳）（1997）．激動社会の中の自己効力 金子書房）

Bandura, A. (1977). Self-efficacy: Toward a unifying theory of behavioral change. *Psychological Review, 84*, 191-215.

Benesse 教育研究開発センター（2013）．高校データブック2013

Bimrose, J., & Hearne, L. (2012). Resilience and career adaptability: Qualitative studies of adult career counseling. *Journal of Vocational Behavior, 81*, 338-344.

Blustein, D. L., & Phillips, S. D. (1988). Individual and contextual factors in career exploration. *Journal of Vocational Behavior, 33*. 203-216.

Blustein, D. L. (1989). The role of career exploration in the career decision making of college students. *Journal of College Student Development, 30*, 111-117.

Cheung, R., & Arnold, J. (2010). Antecedents of career exploration among Hong Kong Chinese University students: Testing contextual and developmental variables. *Journal of Vocational Behavior, 76*, 25-36.

中央教育審議会（1999）．「初等中等教育と高等教育との接続の改善について（答申）」．https://www.mext.go.jp/b_menu/shingi/chuuou/toushin/991201.htm（2020年7月1日）．

中央教育審議会（2011）．「今後の学校におけるキャリア教育・職業教育の在り方について（答申）」．https://www.mext.go.jp/component/b_menu/shingi/toushin/__icsFiles/afieldfile/2011/02/01/1301878_1_1.pdf（2019年10月24日）．

中央教育審議会（2013）．「第2期教育振興計画について」．https://www.mext.go.jp/component/b_menu/shingi/toushin/__icsFiles/afieldfile/2013/05/08/1334381_02_2.pdf（2020年1月6日）．

中央教育審議会（2014）．「新しい時代にふさわしい高大接続の実現に向けた高等学校教育，大学教育，大学入学者選抜の一体的改革について――すべての若者が夢や目標を芽吹かせ，未来に花開かせるために――（答申）」．https://www.mext.go.jp/b_menu/shingi/chukyo/chukyo0/toushin/__icsFiles/afieldfile/2015/01/14/1354191.pdf（2021年9月25

日).

del Corso, J. J. (2017). Counselling young adults to become career adaptable and career resilient. In K. Maree (ed.), *Psychology of Career Adaptability, Employability and Resilience* (pp. 171-188). South Africa: Springer, Cham.

Denault, A. S., Ratelle, C. F., Duchesne, S., & Guay, F. (2019). Extracurricular activities and career indecision: A look at the mediating role of vocational exploration. *Journal of Vocational Behavior, 110*, 43-53.

Dietrich, J., & Kracke, B. (2009). Career-specific parental behaviors in adolescents' development. *Journal of Vocational Behavior, 75*, 109-119.

Dozier, V. C., Sampson Jr., J. P., Lenz, J. G., Peterson, G. W., & Reardon, R. C. (2015). The impact of the Self-Directed Search Form R Internet version on counselor-free career exploration. *Journal of Career Assessment, 23*, 210-224.

Dryler, H. (1998). Parental role models, gender and educational choice. *The British Journal of Sociology, 49*, 375-398.

Erikson, E. H. (1968). *Identity youth and crisis,* New York: WW Norton. (エリクソン, E. H. 岩瀬庸理 (訳) (1970). 主体性 (アイデンティティ) ——青年と危機—— 北望社)

Fadel, C., Bialik, M., & Trilling, B. (2015). Four-dimensional education: The competencies learners need to succeed. Boston, MA: The Center for Curriculum Redesign. (ファデル, C., ビアリック, M., トリリング, B. 岸学 (監訳) (2016). 21世紀の学習者と教育の 4 つの次元——知識, スキル, 人間性, そしてメタ学習—— 北大路書房)

Flum, H., & Blustein, D. L. (2000). Reinvigorating the study of vocational exploration: A framework for research. *Journal of Vocational Behavior, 56*, 380-404.

Flum, H. (2001). Relational dimensions in career development. *Journal of Vocational Behavior, 59*, 1-16.

藤井義久 (1999). 女子学生における就職不安に関する研究　心理学研究, *70*, 417-420.

藤田晃之 (2018). キャリア教育とは何か——その意義と必要性——　藤田晃之 (編)　キャリア教育 (pp. 1-14) ミネルヴァ書房

藤田晃之 (2019). キャリア教育フォービギナーズ——「お花畑系キャリア教育」は言われるほど多いか?——　実業之日本社

深谷潤一 (2014). 若者・自立挑戦プラン　日本キャリアデザイン学会監修　キャリアデザイン支援ハンドブック (p. 88) ナカニシヤ出版

古田克利 (2018). 学生生活の意味深さと職業観およびキャリア意識との関連——人文系初年次学生を対象として——　キャリア教育研究, *37*, 1-10.

Gibson, D. E. (2004). Role models in career development: New directions for theory and research. *Journal of Vocational Behavior, 65*, 134-156.

Gilbert, L. A. (1985). Dimensions of same-gender student-faculty role-model relationships. *Sex Roles, A Journal of Research, 12,* 111-123.

Ginzberg, E., Ginsburg, S. W., Axelrad, S., & Herma, J. L. (1951). *Occupational Choice: An approach to a general theory.* New York: Columbia University Press.

Glavin, K. W., Haag, R. A., & Forbes, L. K. (2017). Fostering career adaptability and resilience and promoting employability using life design counseling. In K. Maree (ed.), *Psychology of Career Adaptability, Employability and Resilience* (pp. 433-445), Israel: Springer, Cham.

Gross-Spector, M., & Cinamon, R. G. (2018). Assessing adults' career exploration: Development and validation of the vocational and maternal identity exploration scales. *Journal of Career Development, 45,* 19-33.

Grotberg, E. H. (ed.) (2003) *Resilience for today: Gaining strength from adversity.* Westport CT: Praeger Publishers.

Guan, Y., Wang, F., Liu, H., Ji, Y., Jia, X., Fang, Z., Li, Y., Hua, H., & Li, C. (2015). Career-specific parental behaviors, career exploration and career adaptability: A three-wave investigation among Chinese undergraduates. *Journal of Vocational Behavior, 86,* 95-103.

Hackett, G., & Betz, N. E. (1981). A self-efficacy approach to the career development of women. *Journal of Vocational Behavior, 18,* 326-339.

原郁水 (2021). 教育場面でのレジリエンス　小塩真司・平野真理・上野雄己編　レジリエンスの心理学――社会をよりよく生きるために――（pp. 51-62）金子書房

Harren, V. A. (1979). A model of career decision making for college students. *Journal of Vocational Behavior, 14,* 119-133.

平野真理 (2010). レジリエンスの資質的要因・獲得的要因の分類の試み――二次元レジリエンス要因尺度（BRS）の作成――　パーソナリティ研究, *19,* 94-106.

平野真理 (2015). レジリエンスは身につけられるか――個人差に応じた心のサポートのために――　東京大学出版会

Hirschi, A., & Läge, D. (2007). The Relation of Secondary Students' Career-Choice Readiness to a Six-Phase Model of Career Decision Making. *Journal of Career Development, 34,* 164-191.

Hirschi, A., Abessolo, M., & Froidevaux, A. (2015). Hope as a resource for career exploration: Examining incremental and cross-lagged effects. *Journal of Vocational Behavior, 86,* 38-47.

Holland, J. L. (1997). *Making vocational choices: A theory of vocational personalities and work environments.* Tokyo: Psychological Assessment Resources. (ホランド, J. L. 渡辺三枝子・松本純平・道谷里英（共訳）(2013). ホランドの職業選択理論――パーソナリティと働く環境――　雇用問題研究会)

堀越弘 (2007). マーク・サビカス――キャリア構築理論――　渡辺三枝子（編）新版キャリアの心理学――キャリア支援への発達的アプローチ――（pp. 173-197）ナカニシヤ

出版
家島明彦（2006）．理想・生き方に影響を与えた人物モデル 京都大学大学院教育学研究科紀要，*52*，280-293.
池田めぐみ・伏木田稚子・山内祐平（2018）．大学生のクラブ・サークル活動への取り組みがキャリアレジリエンスに与える影響　日本教育工学会論文誌，*42*，1-14.
石本雄真・逸見彰子・齊藤誠一（2010）．大学生における就職決定後の就職不安とその関連要因　神戸大学大学院人間発達環境学研究科研究紀要，*4*，143-149.
Jiang, Z., Newman, A., Le, H., Presbitero, A., & Zheng, C. (2019). Career exploration: A review and future research agenda. *Journal of Vocational Behavior, 110*, 338-356.
Jordaan, J. P. (1963). Exploratory behavior: The formation of self and occupational concepts. In D. E. Super (ed.), *Career development: self-concept theory* (pp. 42-78), New York: College Entrance Examination Board.
神原歩・山本理恵・湯口恭子・三保紀裕（2019）．初年次キャリア教育科目の受講が新入生の大学生活への適応感に及ぼす効果　キャリア教育研究，*37*，45-54.
輕部雄輝・佐藤純・杉江征（2014）．大学生の就職活動維持過程モデルの検討――不採用経験に着目して――　筑波大学心理学研究，*48*，71-85.
輕部雄輝・佐藤純・杉江征（2015）．大学生の就職活動維持過程尺度の作成　教育心理学研究，*63*，386-400.
川喜多喬（2014）．キャリア 日本キャリアデザイン学会（編）キャリアデザイン支援ハンドブック（pp. 3-4）ナカニシヤ出版
川本哲也・小塩真司・阿部晋吾・坪田祐基・平島太郎・伊藤大幸・谷伊織（2015）．ビッグ・ファイブ・パーソナリティ特性の年齢差と性差――大規模横断調査による検討――発達心理学研究，*26*，107-122.
川﨑友嗣（1994）．米国におけるキャリア発達研究の動向　日本労働研究雑誌，*409*，52-61.
川﨑友嗣（2005a）．大学におけるキャリア教育の展開――学ぶ力と生きる力の教育――　大学と教育，*41*，44-62.
川﨑友嗣（2005b）．「時間的展望」から見たキャリアデザインとその支援　文部科学教育通信，*132*，22-23.
川﨑友嗣（2008）．ホランド理論　日本産業カウンセリング学会（監修）　産業カウンセリング辞典（pp. 358）金子書房
川﨑友嗣（2010）．関西大学　総合大学における標準型キャリア教育の展開（大学とキャリア教育）IDE，*521*，16-20.
川﨑友嗣（2018）．キャリア教育実践を支える基礎理論　藤田晃之（編）　キャリア教育（pp. 71-86）ミネルヴァ書房
木村周（2013）．キャリア・コンサルティング　理論と実際――カウンセリング，ガイダンス，コンサルティングの一体化を目指して――　雇用問題研究会
児玉真樹子（2017）．大学生用キャリアレジリエンス測定尺度の開発　学習開発学研究，*10*，15-23.

児美川孝一郎（2012）．キャリア教育の何が課題なのか？（上） 月刊高校教育，*12*，5-9.

児美川孝一郎（2014）．「移行」支援としてのキャリア教育　溝上慎一・松下佳代（編）高校・大学から仕事へのトランジション――変容する能力・アイデンティティと教育――（pp. 119-137）ナカニシヤ出版

児美川孝一郎（2016）．これからの私学に求められる教育のあり方　東京私学教育研究所所報，*81*，3-48.

小塩真司・中谷素之・金子一史・長峰伸治（2002）．ネガティブな出来事からの立ち直りを導く心理的特性――精神的回復力尺度の作成――　カウンセリング研究，*35*，57-65.

小杉礼子（2005）．フリーターとニート　勁草書房

厚生労働省（2011）．厚生労働省編職業分類「職業分類表」独立行政法人労働政策研究・研修機構．https://www.jil.go.jp/institute/seika/shokugyo/bunrui/documents/shokugyo04.pdf（2020年1月6日）

厚生労働省（2012）．「非正規雇用のビジョンに関する懇談会」報告 厚生労働省職業安定局．https://www.mhlw.go.jp/stf/houdou/2r98520000025zr0-att/2r98520000025zsh.pdf（2020年9月27日）.

厚生労働省（2016）．「新規学校卒業就職者の離職状況」（平成28年3月卒業者の状況）．https://www.mhlw.go.jp/content/11652000/000557454.pdf（2020年1月6日）.

厚生労働省（2020）．テレワークとは　働き方・休み方改善ポータルサイト．https://work-holiday.mhlw.go.jp/telework/（2020年9月27日）.

教育課程企画特別部会（2015）．教育課程部会 教育課程企画特別部会（第12回）資料2　教育目標・内容と学習・指導方法．学習評価の在り方に関する補足資料 ver. 7．https://www.mext.go.jp/b_menu/shingi/chukyo/chukyo3/053/siryo/__icsFiles/afieldfile/2015/08/04/1360597_2_1.pdf（2021年9月24日）.

小山健太（2015）．日本企業で働く社員の「学校から仕事への移行」プロセスにおけるキャリア論の構築　慶応義塾大学大学院政策・メディア研究科博士論文

Li, Y., Guan, Y., Wang, F., Zhou, X., Guo, K., Jiang, P., Mo, Z., Li, Y., & Fang, Z. (2015). Big-five personality and BIS/BAS traits as predictors of career exploration: The mediation role of career adaptability. *Journal of Vocational Behavior, 89*, 39-45.

London, M. (1983). Toward a theory of career motivation. *Academy of management review, 8*, 620-630.

London, M. (1997). Overcoming career barriers: A model of cognitive and emotional processes for realistic appraisal and constructive coping. *Journal of Career Development, 24*, 25-38.

マイナビ（2017）．2018年卒マイナビ大学生就職意識調査．https://mcs.mynavi.jp/enq/ishiki/data/ishiki_2018.pdf（2020年9月14日）.

毎日コミュニケーションズ（2000）．2000年度　大学生の就職活動意識調査結果報告（報道関係資料）．https://career-research.mynavi.jp/wp-content/uploads/2021/03/syuusyokuisiki_2001.pdf（2020年9月14日）.

益田勉（2008）．キャリア・アダプタビリティと組織内キャリア発達　人間科学研究，*30*，67-78.

益田勉（2010）キャリア・アダプタビリティと転職の意志　生活科学研究，*32*，13-25.

松田侑子・永作稔・新井邦二郎（2008）．職業選択不安尺度の作成　筑波大学心理学研究，*36*，67-74.

松田侑子・永作稔・新井邦二郎（2010）．大学生の就職活動不安が就職活動に及ぼす影響——コーピングに注目して——　心理学研究，*80*，512-519.

松田侑子（2014）．４ヶ月間の就職活動による類型化と関連要因の縦断的検討——就職活動不安，Big Five，ストレスコーピングの観点から——　キャリア教育研究，*33*，11-20.

松坂暢浩・山本美奈子（2019）．中小企業インターンシップの教育的効果の検討——低学年次を対象としたプログラムに着目して——　キャリアデザイン研究，*15*，17-29.

三川俊樹（1988）．成人期における役割特徴と役割受容　追手門学院大学文学部紀要，*22*，1-22.

三川俊樹（2018）．一人一人のキャリア発達を支援するキャリア教育実践の在り方 藤田晃之（編）キャリア教育（pp. 147-162）ミネルヴァ書房

Mitchell, L. K., & Krumboltz, J. D., (1990). Social learning approach to career decision making: Krumboltz's theory. In D. Brown, L. Brooks and associates (eds.), *Career choice and development: Applying contemporary theories to practice, 2,* San Francisco: Jossey-Bass Publishers, 145-196.

Mitchell, K. E., Levin, A. S., & Krumboltz, J. D. (1999). Planned happenstance: Constructing unexpected career opportunities. *Journal of Counseling & Development, 77*, 115-124.

宮城まり子（2002）．キャリアカウンセリング　駿河台出版社

宮城まり子（2014）．キャリアカウンセリング　日本キャリアデザイン学会（編）キャリアデザイン支援ハンドブック（p. 18）ナカニシヤ出版

宮本みち子（2004）．社会的排除と若年無業——イギリス・スウェーデンの対応——　日本労働研究雑誌，*46*，17-26.

宮本みち子（2005）．先進国における成人期への移行の実態——イギリスの例から——　教育社会学研究，*76*，25-39.

宮内博（編著）（1992）．学校進路指導概論——ひとりひとりの価値観を尊重する——　文雅堂銀行研究社

溝口侑・溝上慎一（2017）．大学生のキャリア意識とロールモデルの関係　日本青年心理学会大会発表論文集，*25* 日本青年心理学会，52-53.

溝上慎一（2001）．大学生の自己と生き方——大学生固有の意味世界に迫る大学生心理学——　ナカニシヤ出版

溝上慎一（2004）．大学新入生の学業生活への参入過程——学業意欲と授業意欲——　京都大学高等教育研究，*10*，67-87.

溝上慎一（2009）．「大学生活の過ごし方」から見た学生の学びと成長の検討——正課・正課

外のバランスのとれた活動が高い成長を示す―― 京都大学高等教育研究, *15*, 107-118.

溝上慎一 (2014). アクティブラーニングと教授学習パラダイムの転換 東信堂

望月由起 (2008). 高等教育大衆化時代における大学生のキャリア意識――入学難易度によるキャリア成熟の差異に着目して―― 高等教育研究, *11*, 65-84.

文部科学省 (2004). キャリア教育の推進に関する総合的調査研究協力者会議報告書――児童生徒一人一人の勤労観・職業観を育てるために――. https://www.mext.go.jp/b_menu/shingi/chousa/shotou/023/toushin/04012801/002/003.htm (2020年2月7日).

文部科学省 (2017a). 障害のある学生の修学支援に関する検討会報告 (第二次まとめ) について. https://www.mext.go.jp/b_menu/shingi/chousa/koutou/074/gaiyou/1384405.htm (2020年5月4日).

文部科学省 (2017b). 小学校学習指導要領 (平成29年告示) 解説 (総則編). https://www.mext.go.jp/component/a_menu/education/micro_detail/__icsFiles/afieldfile/2019/03/18/1387017_001.pdf (2021年9月25日).

文部科学省 (2020). 短期大学について. https://www.mext.go.jp/a_menu/koutou/tandai/index.htm (2020年9月14日).

森田愛子 (2014). 就職活動不安の高さと情報収集行動の関連――自己効力による違いの検討―― キャリア教育研究, *33*, 21-28.

村木良孝 (2015). レジリエンスの統合的理解に向けて――概念的定義と保護因子に着目して―― 東京大学大学院教育学研究科紀要, *55*, 281-290.

中村紘子・川口潤 (2015). 就業動機に BIS/BAS およびレジリエンスがあたえる影響――工学系大学生および社会人による検討―― 人間環境学研究, *13*, 87-94.

Nauta, M. M., & Kokaly, M. L. (2001). Assessing role model influences on students' academic and vocational decisions. *Journal of Career Assessment, 9*, 81-99.

日本キャリア教育学会 (編) (2008). キャリア教育概説 東洋館出版社

日本学生支援機構 (2014). 平成26年度学生生活調査 調査報告参考資料 (p. 167). https://www.jasso.go.jp/about/statistics/gakusei_chosa/__icsFiles/afieldfile/2020/09/11/houkoku14_sankou.pdf (2020年9月13日).

日本学生支援機構 (2018). 平成30年度学生生活調査 (p. 12). https://www.jasso.go.jp/about/statistics/gakusei_chosa/__icsFiles/afieldfile/2020/03/16/data18_all.pdf (2020年9月13日).

日本私立大学連盟 (2018) 私立大学学生生活白書 2018 (pp. 72-77). https://www.shidairen.or.jp/files/user/4372.pdf (2020年9月13日).

西田安哉美 (2002). 学年差から見た大学生のストレスにおける認知的評価と対処――発達課題としてのストレス―― (平成13年度心理発達科学専攻修士学位論文概要) 名古屋大学大学院教育発達科学研究科紀要 心理発達科学, *49*, 322-324.

小花和 Wright 尚子 (1999). 幼児のストレス反応とレジリエンス 四條畷学園女子短期大学研究論文集, *33*, 47-62.

O'Hare, M. M., & Tamburri, E. (1986). Coping as a moderator of the relation between anxiety and career decision making. *Journal of Counseling Psychology, 33*, 255-264.

岡田昌毅（2007）．ドナルド・スーパー――自己概念を中心としたキャリア発達―― 渡辺三枝子（編） 新版キャリアの心理学――キャリア支援への発達的アプローチ――（pp. 23-46）ナカニシヤ出版

岡田昌毅（2013）．働く人の心理学――働くこと，キャリアを発達させること，そして生涯発達すること―― ナカニシヤ出版

大庭さよ（2014）．プランド・ハップンスタンス（計画された偶発性） 日本キャリアデザイン学会（編） キャリアデザイン支援ハンドブック（p. 74-75）ナカニシヤ出版

Park, K., Woo, S., Park, K., Kyea, J., & Yang, E. (2017). The mediation effects of career exploration on the relationship between trait anxiety and career indecision. *Journal of Career Development, 44*, 440-452.

Parsons, F. (1909). *Choosing a Vocation*. New York: Brousson Press.

Reed, M. B., Bruch, M. A., & Haase, R. F. (2004). Five-factor model of personality and career exploration. *Journal of Career Assessment, 12*, 223-238.

Richardson, G. E. (2002). The metatheory of resilience and resiliency. *Journal of Clinical Psychology, 58*, 307-321.

齊藤和貴・岡安孝弘（2010）．大学生用レジリエンス尺度の作成 明治大学心理社会学研究，*5*，22-32.

齊藤孝（2020）．座右の世阿弥――不安の時代を生き切る29の教え―― 光文社

坂柳恒夫・中道明弘・栗田裕二・早川美子（2017）．第20回大会発表奨励賞論文 大学生の生き抜く力に関する研究――キャリアレジリエンス態度・能力尺度（CRACS）の信頼性と妥当性の検討―― 産業カウンセリング研究，*19*，43-50.

佐藤暁子・金井篤子（2017）．レジリエンス研究の動向・課題・展望――変化するレジリエンス概念の活用に向けて―― 名古屋大学大学院教育発達科学研究科紀要．心理発達科学，*64*，111-117.

Savickas, M. L. (1997). Career adaptability: An integrative construct for life-span, life-space theory. *The Career Development Quarterly, 45*, 247-259.

Savickas, M. L. (2002). Career construction. In *Career Choice and Development,* 4th ed., San Francisco: Jossey-Bass Publisher, 149-205.

Savickas, M. L. (2011). *Career Counseling.* San Francisco: American Psychological Association.（サビカス，M. L. 日本キャリア開発研究センター（監訳）（2018）．サビカス キャリア・カウンセリング理論――〈自己構成〉によるライフデザインアプローチ―― 福村出版）

Schwarzer, C., & Buchwald, P. (2004). Social support. In C. Spielberger (ed.), *Encyclopedia of applied psychology* (pp. 435-441), New York, NY: Academic Press.

下村英雄・八幡成美・梅崎修・田澤実（2009）．大学生のキャリアガイダンスの効果測定用テストの開発 キャリアデザイン研究，*5*，127-139.

下山晴彦（1998）．青年期の発達　下山晴彦（編）　教育心理学Ⅱ――発達と臨床援助の心理学――（pp. 183-201）東京大学出版会

Southwick, S. M., & Charney, D. S. (2012). *Resilience: The Science of Mastering Life's Greatest Challenges.* Tokyo: Cambridge University Press.（サウスウィック，S. M., & チャーニー，D. S.　森下愛・西大輔・森下博文（監訳）（2015）．レジリエンス――人生の危機を乗り越えるための科学と10の処方箋――　岩崎学術出版社）

Stumpf, S. A., Colarelli, S. M., & Hartman, K. (1983). Development of the career exploration survey (CES). *Journal of Vocational Behavior, 22,* 191-226.

杉本英晴（2014）．学校から職業社会への移行をとらえるキャリア発達研究の今後の展開――下村論文へのコメント――　青年心理学研究，*25*，201-205.

杉山崇・馬場洋介・原恵子・松本祥太郎（2018）．キャリア心理学ライフデザイン・ワークブック　ナカニシヤ出版

Super, D. E. (1957). *The psychology of careers : An introduction to vocational development.* New York: Harper & Brothers.（スーパー D. E.　日本職業指導学会（訳）（1960）．職業生活の心理学――職業経歴と職業的発達――　誠信書房）

Super, D. E. (1980). A life-span, life-space approach to career development. *Journal of Vocational Behavior, 16,* 282-298.

Super, D. E. (1985). New Dimensions in Adult Vocational and Career Counseling. *Occasional Paper No. 106.* Ohio State University, Columbus, National Center for Research in Vocational Education.

Super, D. E. (1990). A life-span, life-space approach to career development, D Brown, L. Brooks, and Associates, *Career choice and development: applying contemporary theories to practice* 2nd ed., (pp. 197-261), San Francisco: Jossey-Bass Publishers.

Super, D. E., Savickas, M. L., & Super, C. M. (1996). The life-span, life-space approach to careers. *Career choice and development, 3,* 121-178.

生涯学習政策局（2012）．「社会的・職業的自立，社会・職業への円滑な移行に必要な力」について」資料２．https://www.mext.go.jp/b_menu/shingi/chukyo/chukyo3/047/siryo/__icsFiles/afieldfile/2012/09/12/1325670_02.pdf（2020年７月１日）．

立花隆（1988）．青春漂流　講談社

高橋美保・石津和子・森田慎一郎（2015）．成人版ライフキャリア・レジリエンス尺度の作成　臨床心理学，*15*，507-516.

高橋雄介・山形伸二・木島伸彦・繁桝算男・大野裕・安藤寿康（2007）．Gray の気質モデル――BIS/BAS 尺度日本語版の作成と双生児法による行動遺伝学的検討――　パーソナリティ研究，*15*，276-289.

高下梓（2011）．大学新入生の適応感の変化――４月から７月にかけての初期適応過程――　明星大学心理学年報，*29*，9-19.

竹内倫和（2012）．新規学卒就職者の組織適応プロセス――職務探索行動研究と組織社会化研究の統合の視点から――　學習院大學經濟論集，*49*，43-160.

谷内篤博（2007）．働く意味とキャリア形成　勁草書房

Taylor, K. M., & Betz, N. E. (1983). Applications of self-efficacy theory to the understanding and treatment of career indecision. *Journal of Vocational Behavior, 22*, 63-81.

田澤実・梅崎修（2012）．キャリア意識が就職活動結果に与える影響——全国の就職活動生を対象にした縦断データより——　日本教育心理学会第54回総会発表論文集，p. 302.

冨安浩樹（1997）．大学生における進路決定自己効力と進路決定行動との関連　発達心理学研究，*8*，15-25.

Turan, E., Çelik, E., & Turan, M. E. (2014). Perceived social support as predictors of adolescents' career exploration. *Australian Journal of Career Development, 23*, 119-124.

鶴田和美（2002）．大学生とアイデンティティ形成の問題（特集 青年期のアイデンティティ）臨床心理学，*2*，725-730.

梅崎修・田澤実（編著）（2013）．大学生の学びとキャリア——入学前から卒業後までの継続調査の分析——　法政大学出版局

浦上昌則（1995）．学生の進路選択に対する自己効力に関する研究　名古屋大學教育學部紀要　教育心理学科，*42*，115-126.

浦上昌則（1996a）．女子短大生の職業選択過程についての研究——進路選択に対する自己効力，就職活動，自己概念の関連から——　教育心理学研究，*44*，195-203.

浦上昌則（1996b）．就職活動を通しての自己成長——女子短大生の場合——　教育心理学研究，*44*，400-409.

Vignoli, E., Croity-Belz, S., Chapeland, V., de Fillipis, A., & Garcia, M. (2005). Career exploration in adolescents: The role of anxiety, attachment, and parenting style. *Journal of Vocational Behavior, 67*, 153-168.

Vignoli, E. (2015). Career indecision and career exploration among older French adolescents: The specific role of general trait anxiety and future school and career anxiety. *Journal of Vocational Behavior, 89*, 182-191.

若松養亮（2006）．教員養成学部生における進路探索行動と意思決定の関連——11月時点の3年次生を対象に——　滋賀大学教育学部紀要　教育科学，*56*，139-149.

若松養亮（2012）．大学生におけるキャリア選択の遅延——そのメカニズムと支援——　風間書房

渡辺三枝子・黒川雅之（2002）．キャリア・アダプタビリティの測定尺度の開発　筑波大学心理学研究，*24*，185-197.

渡辺三枝子（2007a）．キャリアの心理学に不可欠の基本　渡辺三枝子（編）新版キャリアの心理学——キャリア支援への発達的アプローチ——（pp. 1-22）ナカニシヤ出版

渡辺三枝子（2007b）．ジョン・ホランド——環境との相互作用によるキャリア行動の発達——　渡辺三枝子（編）新版キャリアの心理学——キャリア支援への発達的アプローチ——（pp. 47-69）ナカニシヤ出版

Xu, C., Gong, X., Fu, W., Xu, Y., Xu, H., Chen, W., & Li, M. (2020). The role of career adaptability and resilience in mental health problems in Chinese adolescents. *Children and Youth Services Review, 112*, 104893, 1-7.

矢崎裕美子・斎藤和志（2014）．就職活動中の情報探索行動および入社前研修が内定獲得後の就職不安低減に及ぼす効果　実験社会心理学研究，*53*，131-140.

湯口恭子（2016）．「アクション」「ビジョン」と進路決定自己効力に影響を与える大学生活の主観的重要性　関西大学大学院心理学叢誌，*16*，53-60.

湯口恭子（2020）．大学生のライフスタイルと社会的・職業的自立　近畿大学教育論叢，*32*，229-247.

Zikic, J., & Klehe, U.-C. (2006). Job loss as a blessing in disguise: The role of career exploration and career planning in predicting reemployment quality. *Journal of Vocational Behavior, 69*, 391-409.

Zikic, J., & Hall, D. T. (2009). Toward a more complex view of career exploration. *The Career Development Quarterly, 58*, 181-191.

おわりに

本書を執筆するにあたり，多くの方々のご協力とご支援をいただきましたこと，この場をお借りして感謝申し上げます。まずは，研究に関するご指導と助言をいただきました川﨑友嗣先生と串崎真志先生に，こころよりお礼申し上げます。

川﨑先生は2020年６月，１年４カ月のご闘病の末，逝去されました。2014年から博士課程の前期・後期課程において，丁寧にご指導をいただきました。キャリア理論や心理学のお話を講義やゼミでお聴きし，ゼミ後のランチ会でもご指導くださっていたことが，昨日のことのように思い出されます。長期入院となった後，治療と休養に専念してほしくて連絡を取らないでいたところ，「どうして連絡をしてこないの？　博士論文を書かなきゃ」と，珍しく少し強い口調で叱られました。後を引き継いでくださった串崎先生とも相談し，ご負担がかからないよう，投稿論文をほぼ完成というところまで仕上げてから送ることにしました。その論文にも丁寧にコメントが記されていました。

ご葬儀の日，川﨑先生のご家族から，「関西大学の講義を代わってくださって，本当にありがとうございました。湯口さんの名前の書かれた博士論文のメモが病室にありました」とお聴きし，涙をこらえることができなくなりました。その後も，ご家族の方と手紙やメールなどの交流が続いたことは，時折くじけそうになる気持ちを支えてくれました。お礼をいうのは私の方です。本当にありがとうございました。

串崎先生には，「川﨑先生がくださった学びを無駄にしてはいけない」と励ましていただき，博士論文を書き上げる決意を新たにいたしました。川﨑先生はいつも，誰かのために働いていた方でした。私にできるせめてもの恩返しは，そのご指導を無駄にすることなく，学生や大学のために力を尽くし，社会へ還元していくことだと思っています。

串崎先生には，博士論文の主査としてのご指導を賜りました。丁寧にご指導をいただきましたこと，こころより感謝申し上げます。悲しみに溺れることなく執筆することができたのも，心理学として別の概念に目を向けることができたのも，串崎先生のお力添えがあったからです。串崎先生はいつも，穏やかに優しく接してくださいました。研究者としてどのような立ち位置を取るのか，どのような考え方で研究を進めていくのかなど，自分自身を深く内省する機会に恵まれたのも，串崎先生の助言があったからだと思っております。

また，副査をお引き受けくださった追手門学院大学の三川俊樹先生に，こころよりお礼を申し上げます。三川先生はご多忙の中，オンラインでの発表にお越しくださり，キャリア教育，支援の観点から貴重なご指摘と助言，励ましの言葉をいただきました。先生のご指摘を受けて，研究全体を俯瞰して見ることができました。

阿部晋吾先生は，副査として博士論文の中間報告会に来てくださり，貴重なご指摘をいただきました。ご多忙の中，時間を割いてくださり，深く感謝申し上げます。

前期課程副査としてご指導くださった関口理久子先生，守谷順先生，聴聞会で貴重なご指摘をくださった田中俊也先生，あらためて感謝申し上げます。ありがとうございました。

院生として在籍した関西大学や勤務先の近畿大学などでは４年生ゼミの先生方に格別のご協力を賜り，調査票を配布していただきました。ゼミでの貴重な時間を割いていただきましたこと，こころから感謝申し上げます。あわせて，様々なご協力をいただきました大学職員の皆様と，図書館の司書の皆様にも，深くお礼申し上げます。

他大学の先生方にも大変お世話になりました。あたたかい励ましの言葉をかけてくださった大阪教育大学の安達智子先生，貴重な参考資料を送って応援してくださった滋賀大学の若松養亮先生に，こころよりお礼を申し上げます。そして，大阪夕陽丘短期大学学長の東田晋三先生には，非常勤講師の頃から熱意あるご指導をいただきました。また，同志の非常勤講師の皆様には，調査票配布にご協力をいただきました。こころより感謝申し上げます。調査に協力してくれた学生の皆様にも，改めてお礼を申し上げます。本当にありがとうございました。

私の研究生活は困難と苦悩の連続でした。仕事と家庭の両立だけではなく，闘病中の母の介護や私自身の転居もあり，研究を続けることがつらくなったこともありました。母と川﨑先生が他界し，新型コロナウィルスの感染拡大という全く先の予測ができない状況の中，レジリエンスは私にとっても希望でした。これまで私の仕事や研究を応援してくれた夫・浩志と，亡き母，そして支えてくれた家族や仲間たちにあらためて感謝いたします。

本当に多くの方々から，ご指導やご支援を賜りました。自分の未熟さと向き合いながら，引き続き，研究を深めていきたいという願いも生まれました。今後も，よりいっそう自己研鑽をしていく必要がありますが，精一杯努力していく所存です。今後とも，どうぞよろしくお願い申し上げます。

最後に，川﨑友嗣先生のご冥福をこころよりお祈りいたします。

2021年12月

湯口恭子

巻末資料

調査方法に示した設問や尺度などをまとめて示す。

■調査票表紙内容

本質問紙は，あなたご自身のキャリア意識を調査するためのものです。各質問には正しい回答というものはありませんので，思ったままを回答して下さい。この調査で得た情報は第三者に漏れることのないよう，厳重に管理し，本研究終了後，一定期間保管した後，処分いたします。

この調査により得られた情報は統計的に処理され，得られたデータから個人を特定することは一切なく，研究以外の目的に使用することもありません。心理学研究科の倫理綱領に従って調査を行い，研究を進めます。この調査にご協力下さるかどうかは自由です。また，ご協力いただけない場合でも，不利益になることはありません。回答しなかったり，回答を途中でやめたりしても，いかなる不利益も生じません。何かご不明な点があれば，調査実施者の連絡先まで遠慮なくお問い合わせください。

なお，この質問紙への回答，提出をもって，本研究に参加することの同意を頂いたものと致します。

注意事項をご理解の上，調査にご協力いただける場合は次のページに進んでください。本研究の趣旨をご理解頂き，ご協力いただきますようお願い申し上げます。

■属性

あなたのことについてお尋ねします。以下の該当する番号に○をしてください。

・学部・学科（　　　）学部（　　　）学科

・学年　1　1年生　　2　2年生　　3　3年生　　4　4年生
（第7章は1年生と2年生のみ）

・性別　1　男性　　2　女性　　3　その他

・居住形態　1　下宿　　2　自宅（実家）　　3　その他（　　　）
（第4，6章のみ）

・就職活動　1　少しでも行った　　2　全く行っていない
（第6章のみ）

・進路の希望　1　就職　　2　進学（大学編入など）　　3　その他
（第7章のみ）

■キャリア探索：第4，5，6，7章
(ただし，第5章に関しては1～2年次生のみのため，＊は使用していない)

入学してから今までについてお尋ねします。以下の文章を読んで，あてはまるものを一つだけ選び，その数字に○をつけてください。

		全く行っていない	あまり行っていない	少しは行っている	まぁまぁ行っている	非常によく行っている
(1)	自分の長所や短所について考えてみる	1	2	3	4	5
(2)	自分の好きなこと，得意なことについて考えてみる	1	2	3	4	5
(3)	自分が嫌いなこと，不得意なことについて考えてみる	1	2	3	4	5
(4)	自分という人間について考えてみる	1	2	3	4	5
(5)	これまでの自分の生き方について振り返ってみる	1	2	3	4	5
(6)	これからの自分の生き方について想像してみる	1	2	3	4	5
(7)	本や雑誌，インターネットなどで仕事や働くことに関する記事を読む	1	2	3	4	5
(8)	仕事や働くことをテーマにしたTV番組を観たり，講演会を聴きに行く	1	2	3	4	5
(9)	興味がある仕事に関する情報を集める	1	2	3	4	5
(10)	将来の仕事について友人や先輩，家族などから話を聴く	1	2	3	4	5
(11)	興味がある仕事に就くにはどの様に活動すれば良いのか調べる	1	2	3	4	5
(12)	興味がある仕事で必要とされる知識や資格について調べる	1	2	3	4	5
(13)	社会人から仕事や働くことについて話を聴く	1	2	3	4	5
(14)	(＊) 就職に関する説明会や講演会を聴きに行く	1	2	3	4	5
(15)	(＊) インターンシップに参加する	1	2	3	4	5
(16)	(＊) キャリアセンターなどに就職のことを相談に行く	1	2	3	4	5
(17)	(＊) 興味がある仕事で必要とされる資格に挑戦する	1	2	3	4	5
(18)	(＊) 興味のある仕事に就いた人を探して，直接話を聴く	1	2	3	4	5
(19)	(＊) 特定の職務や会社についての情報を手に入れる	1	2	3	4	5
(20)	(＊) 興味のある進路の特定の領域について情報を探す	1	2	3	4	5

■レジリエンス：第4，5，7章

以下の文章を読んで，あてはまるものを一つだけ選び，その数字に○をつけて下さい。

	全くあてはまらない	あてはまらない	どちらかといえばあてはまらない	どちらかといえばあてはまる	あてはまる	非常によくあてはまる
(1) すぐに成果が出なくても，今できることをやることが大事だと思う	1	2	3	4	5	6
(2) 結果が見えなくてもやってみることが大事だと思う	1	2	3	4	5	6
(3) ものごとは長い目で見て考えることが大事だと思う	1	2	3	4	5	6
(4) 失敗してもそこから学ぶことが大事だと思う	1	2	3	4	5	6
(5) 常に，新しいチャンスを見逃さないように準備している	1	2	3	4	5	6
(6) 経験したことのないようなできごとが起きても落ちついて行動できる	1	2	3	4	5	6
(7) 危機的な状況に出会ったとき，それに立ち向かっていける	1	2	3	4	5	6
(8) ものごとが思ったように進まない場合でも，適切に対処できる	1	2	3	4	5	6
(9) 人生では，仕事以外に，楽しめるような趣味を持ちたいと思う	1	2	3	4	5	6
(10) 人生では，仕事以外の活動でも満足感を得たいと思う	1	2	3	4	5	6
(11) 人生では，仕事以外の目標も持ちたい	1	2	3	4	5	6
(12) 人生では，仕事以外の時間も充実させたいと思う	1	2	3	4	5	6
(13) 将来について楽観的である	1	2	3	4	5	6
(14) ものごとが思ったように進まない場合でも，きっとなんとかなると思う	1	2	3	4	5	6
(15) 困った時でも「なんとかなるだろう」と考えることができる	1	2	3	4	5	6
(16) 嫌なことがあっても，いつまでもくよくよと考えない	1	2	3	4	5	6

(17)	必要に応じて，目標のレベルを下げることができる	1	2	3	4	5	6
(18)	現実に合った目標を立てることができる	1	2	3	4	5	6
(19)	自分には達成できないとわかった目標にはいつまでもこだわらない	1	2	3	4	5	6
(20)	自分の立てた目標に問題があると感じたら，もう一度目標を立て直すことができる	1	2	3	4	5	6

■ロールモデル：第5章

あなたは今までに，以下のそれぞれの項目に当てはまるような人に，どれくらいたくさん出会ってきた（そういう人を見てきた）でしょうか？あてはまるものを一つだけ選び，その数字に○をつけて下さい。

		全く出会わなかった	あまり出会わなかった	どちらかといえば出会わなかった	どちらかといえば出会ってきた	出会ってきた	非常に出会ってきた
(1)	結果が見えなくても，やってみることができる人	1	2	3	4	5	6
(2)	危機的な状況に出会ったときに，立ち向かっていける人	1	2	3	4	5	6
(3)	仕事以外の活動でも人生で満足感を得られている人	1	2	3	4	5	6
(4)	困った時でも「なんとかなるだろう」と考えることができる人	1	2	3	4	5	6
(5)	達成できないとわかった目標に，いつまでもこだわらない人	1	2	3	4	5	6

■内定について：第6章

・内定についてお尋ねします。以下の該当する番号に○をしてください。

1　複数の内定を得た　　2　一つだけ内定を得た　　3　内定は得ていない

・内定時期についてお尋ねします。以下の該当する番号に○をしてください。

1　早く決まったと思う　2　平均的な時期に決まったと思う　3　遅くなったと思う

・内定先への志望度についてお尋ねします。以下の該当する番号に○をしてください。

1　第1志望である
2　第1志望ではないが，志望していたところである
3　特に志望はしていなかったところである

・内定先への満足度についてお尋ねします。以下の該当する番号に○をしてください。

1　かなり満足している
2　やや満足している
3　あまり満足していない
4　ほとんど満足していない

・働くことについてお尋ねします。現在，内定先で働く意欲はどのくらいありますか？以下の項目からあてはまるものを一つ選び，その数字に○をつけて下さい。

1　かなりある方だ　2　まぁある方だ　3　あまりない方だ　4　全くない方だ

■就職活動の取り組み：第6章

就職活動において，ある企業から不採用を受けたときのことを思い出してください。あなたはその後，どのように感じたり，考えたり，行動したりしましたか。あてはまるものを一つずつ選び，その数字に○をつけて下さい。

	全くあてはまらない	あまりあてはまらない	どちらともいえない	ややあてはまる	とてもよくあてはまる
(1)　本来の自分という人間を伝えることに専念した	1	2	3	4	5
(2)　自然体の自分で臨もうと決めた	1	2	3	4	5
(3)　自分をとり繕わずに臨もうと決めた	1	2	3	4	5
(4)　ありのままの自分を表現するやり方を熟考した	1	2	3	4	5
(5)　ありのままの自分を評価してくれた企業に就職しようと決めた	1	2	3	4	5

(6)	とにかくたくさんの企業を受けていった	1	2	3	4	5
(7)	深く考えずにとにかく活動量を増やした	1	2	3	4	5
(8)	あまり考えずに，とにかく次の予定を入れていった	1	2	3	4	5
(9)	とにかく予定をこなしていった	1	2	3	4	5
(10)	いろいろな企業を見ていった	1	2	3	4	5
(11)	とにかく選択肢を広げていこうとした	1	2	3	4	5
(12)	自分のやりたいことがはっきりした	1	2	3	4	5
(13)	自分の進むべき方向性が見つかった	1	2	3	4	5
(14)	就職してからの現実的な将来を想像した	1	2	3	4	5
(15)	自分が将来やりたいことについて，改めて思いを巡らせた	1	2	3	4	5
(16)	就職活動における自分のポリシーが固まった	1	2	3	4	5
(17)	自分のやりたいことと仕事とのマッチングについて，熟考した	1	2	3	4	5
(18)	次の採用試験に向けて，前回悪かったところを改善した	1	2	3	4	5
(19)	自分がその企業からどのように映っていたのかを振り返った	1	2	3	4	5
(20)	その試験でなぜ不採用になったのかを省みた	1	2	3	4	5
(21)	その試験の時の自分の言動が悪かったと分析した	1	2	3	4	5
(22)	企業に入って自分が何をしたいのかを，自分の言葉で説明できるようにした	1	2	3	4	5
(23)	エントリーシートの書き方や面接での話し方について，いろいろと試行錯誤した	1	2	3	4	5
(24)	誰かに泣き言を言った	1	2	3	4	5
(25)	誰かに愚痴を言った	1	2	3	4	5
(26)	誰かと，とりとめのない話をした	1	2	3	4	5
(27)	同じ境遇の仲間と話した	1	2	3	4	5
(28)	終わったことは仕方がないと考え，気持ちを新たにした	1	2	3	4	5
(29)	気を取り直して次に向かおうとした	1	2	3	4	5
(30)	その企業とは縁がなかったと捉えた	1	2	3	4	5
(31)	いつかは内定をもらえると前向きに捉えた	1	2	3	4	5
(32)	悔やんでいる暇はないと思った	1	2	3	4	5

■内定後の満足・意欲と不安：第6章

以下の文章を読んで，あてはまるものを一つずつ選び，その数字に○をつけて下さい。

		とてもよくあてはまる	ややあてはまる	どちらともいえない	あてはまらない	全くあてはまらない
(1)	社会人として自分がちゃんとやっていけるかどうか不安である	1	2	3	4	5
(2)	社会に出て人並みに働いていけるかどうか不安である	1	2	3	4	5
(3)	社会人として自立できるかどうか不安である	1	2	3	4	5
(4)	社会に出ていくことが不安である	1	2	3	4	5
(5)	自分は会社で働くことに向いていないのではないかと不安である	1	2	3	4	5
(6)	自分が働いているイメージがつかず不安である	1	2	3	4	5
(7)	社会人になると自由な時間が制限されてしまうのではないかと不安である	1	2	3	4	5
(8)	社会人として規則正しい生活ができるかどうか不安である	1	2	3	4	5
(9)	会社の人間関係が不安である	1	2	3	4	5
(10)	会社の上司とうまくいかなくなったらどうしようと思うことがある	1	2	3	4	5
(11)	就職する会社にうまく適応できるかどうか心配である	1	2	3	4	5
(12)	自分の能力で会社の業績に果たして貢献できるのかと疑問に思うことがある	1	2	3	4	5

■学生生活探索：第７章

入学してから今までについてお尋ねします。以下の文章を読んで，あてはまるものを一つだけ選び，その数字に○をつけてください。

		非常によく行っている	まぁまぁ行っている	少しは行っている	あまり行っていない	全く行っていない
(1)	他大学や他学部の学生と交流する	1	2	3	4	5

(2)	初対面の人と交流する	1	2	3	4	5
(3)	外国人（留学生を含む）と交流する	1	2	3	4	5
(4)	会ったことのない人達とネットやスマホで交流する	1	2	3	4	5
(5)	町内や地域の人たちと交流する	1	2	3	4	5
(6)	世代の異なる人と交流する	1	2	3	4	5
(7)	興味のある学問領域の教員に直接話を聴く	1	2	3	4	5
(8)	興味のある学問について情報を集める	1	2	3	4	5
(9)	学問をテーマにした講演会を聴きに行く	1	2	3	4	5
(10)	本や雑誌，インターネットなどで学問に関する記事を読む	1	2	3	4	5
(11)	履修している学問の担当教員に質問や相談に行く	1	2	3	4	5
(12)	興味のある学問テーマの研究を深める	1	2	3	4	5

■キャリア意識（CAVT）：第7章

以下に示す事柄について，あなたは現在，どの程度達成できていると思いますか。あてはまるものを一つだけ選び，その数字に○をつけて下さい。

		できていない	あまりできていない	どちらともいえない	ややできている	かなりできている
(1)	将来のビジョンを明確にする	1	2	3	4	5
(2)	学外の様々な活動に熱心に取り組む	1	2	3	4	5
(3)	将来，具体的に何をやりたいかを見つける	1	2	3	4	5
(4)	尊敬する人に会える場に積極的に参加する	1	2	3	4	5
(5)	将来の夢をはっきりさせ，目標を立てる	1	2	3	4	5
(6)	人生に役立つスキルを身につける	1	2	3	4	5
(7)	将来に備えて準備する	1	2	3	4	5
(8)	様々な人に出会い人脈を広げる	1	2	3	4	5
(9)	将来のことを調べて考える	1	2	3	4	5
(10)	何事にも積極的に取り組む	1	2	3	4	5
(11)	自分が本当にやりたいことを見つける	1	2	3	4	5
(12)	様々な視点から物事を見られる人間になる	1	2	3	4	5

索　　引

タ　行

ナ　行

ハ　行

マ　行

ヤ・ラ行

ワ　行

《著者紹介》

湯口恭子（ゆぐち　きょうこ）

近畿大学働き方改革推進センター講師（2018年から現職）。博士（心理学）。関西大学大学院心理学研究科博士課程後期課程修了。住友信託銀行にて顧客相談窓口，新入社員研修講師を担当した後，人事労務などの勤務を経て社会保険労務士事務所を開業（2004年4月～2018年3月）。大学でのキャリア教育，キャリアカウンセリングなどの学生支援に力を入れる傍ら，労働行政機関にて労働相談及び個別労働紛争解決制度対応，京都産業保健総合支援センターでのメンタルヘルス対策支援に従事。1級及び2級キャリアコンサルティング技能士，キャリアコンサルタント，公認心理師，特定社会保険労務士，学校心理士，産業カウンセラー。著書に『新自分デザイン・ブックⅠ――Willから始める大学生活――』（東田晋三編著　ドリームシップ　2012），『キャリアは常にそこがスタート――Willから始まるライフデザインスケッチブック――』（東田晋三・湯口恭子　ドリームシップ　2016）などがある。

キャリア探索とレジリエンス
――大学生に向けた効果的なキャリア支援とは――

2022年3月30日　初版第1刷発行　　＊定価はカバーに表示してあります

著者　湯口恭子©
発行者　萩原淳平
印刷者　江戸孝典

発行所　株式会社　晃洋書房
〒615-0026　京都市右京区西院北矢掛町7番地
電話　075（312）0788番㈹
振替口座　01040-6-32280

装幀　吉野　綾　　印刷・製本　共同印刷工業㈱
ISBN978-4-7710-3627-7